JN085618

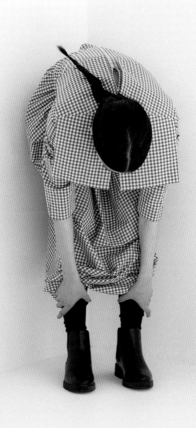

セーラーカラーワンピース
how to make p.34

TOWNの
ワンピース
ツーピース
スリーピース

木地谷良一　渡部まみ

A
セーラーカラーワンピース
photo p.1
how to make p.34

B
ノーカラージャケット
photo p.5
how to make p.35

G
バックリボンワンピース
photo p.12
how to make p.58

H
ワイドストレートパンツ
photo p.12
how to make p.60

I
バックリボンブラウス
photo p.14
how to make p.65

H
ワイドストレートパンツ
photo p.14
how to make p.60

B
ノーカラージャケット
photo p.20
how to make p.35

L
ベスト
photo p.21
how to make p.74

F
フロントタックスカート
photo p.20
how to make p.54

D
テーラードジャケット
photo p.22
how to make p.42

C
ノーカラーギャザーワンピース
photo p.6
how to make p.37

D
テーラードジャケット
photo p.11
how to make p.42

E
バンドカラーシャツワンピース
photo p.8
how to make p.49

F
フロントタックスカート
photo p.8
how to make p.54

J
ヨークスリーブシャツ
photo p.16
how to make p.68

K
サロペット
photo p.16
how to make p.73

J
ヨークスリーブシャツ
photo p.18
how to make p.68

H
ワイドストレートパンツ
photo p.18
how to make p.60

L
ベスト
photo p.22
how to make p.74

H
ワイドストレートパンツ
photo p.22
how to make p.60

M
フリンジストール
photo p.7
how to make p.79

A

A
+
B

ノーカラージャケット
how to make p.35

C

ノーカラーギャザーワンピース
how to make p.37

C
+
M

フリンジストール
how to make p.79

E + F

E バンドカラーシャツワンピース
how to make p.49

F フロントタックスカート
how to make p.54

ノーカラージャケット
how to make p.35 **B**

\+

フロントタックスカート
how to make p.54 **F**

C
+
D

ノーカラーギャザーワンピース
how to make p.37

テーラードジャケット
how to make p.42

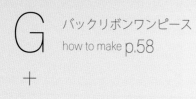

ヨークスリーブシャツ
how to make p,68

サロペット
how to make p,73

J

+

K

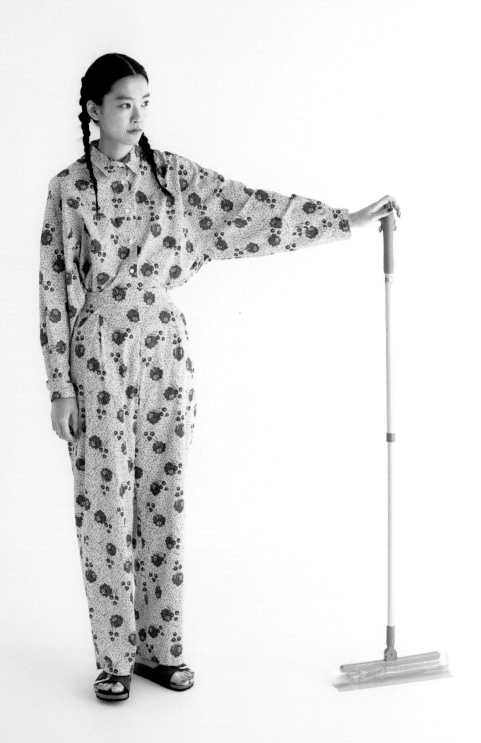

18

E
+
H

J
+
H

B
+
F

B　ノーカラージャケット
how to make p.35

＋

F　フロントタックスカート
how to make p.54

＋

L　ベスト
how to make p.74

テーラードジャケット
how to make p,42

ベスト
how to make p,74

ワイドストレートパンツ
how to make p,60

D
+
L
+
H

L
+
H

how to make

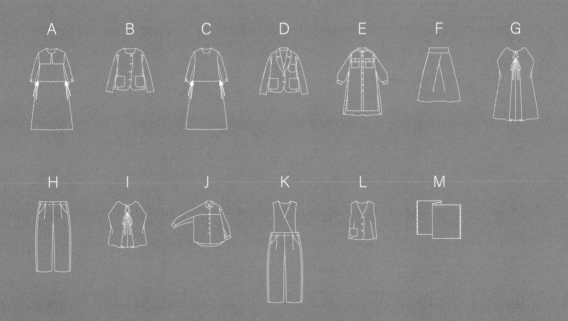

A   B   C   D   E   F   G

H   I   J   K   L   M

talk　この本を手に取っていただいたみなさんに、本の見どころや楽しみ方をお伝えします。

木地谷

渡部

― ツーピース、スリーピースって何だろう

木地谷　一般的には「上下そろったひと組の服」をツーピースと呼びますよね。

渡部　またの名をセットアップ。この本では、カジュアルやフォーマル、小さい大きいに関係なく、共布でつくったアイテムを2つあわせたらツーピース、3つあわせたらスリーピースというような、自由な組み合わせを楽しむ服づくりを提案してみました。

木地谷　たとえば、違う本のジャケットとこの本のスカートを組合せて共布で作ったらツーピース。みたいな自由さが、ホームソーイングの楽しさだと思っています!

― 2つのサイズ展開にしている理由

木地谷　パターンは2サイズ展開で、1はS・M、2はL・2Lのサイズ感になっています。着る人の許容範囲が広がるようにゆったりしたサイズ感にしていて、ウエストのゴムやひもの調整で身体に合わせられるようにもしました。2サイズにすることで、少しでもパターンが写し取りやすくなれば、というねらいもあります。

― 各アイテムについて
A セーラーカラーワンピース
C ノーカラーギャザーワンピース

渡部　ウエストに特徴のある2種類のワンピースから説明しますね。セーラーカラーワンピース(p.1)は、セーラー服のような角ばった衿で、甘さを抑えて大人が着やすいデザインにしています。ブロードなどのシャツ素材が似合います。

A

木地谷　Aのワンピースの衿をなくしたノーカラーギャザーワンピース(p.6)はフォーマル感が高まるので、柔らかくて落ち感のある素材だと特別な行事などにもぴったりです。どちらもウエストのリボンを引っ張ってギャザーを寄せられるので、2通りの着方ができます。

C

D テーラードジャケット

D

渡部　前作の『TOWNのニュースタンダードコート』からテーラードコートをつくられているかたをSNSでたくさん拝見して、うれしくて本格的なテーラードジャケット(p.11、p.22)をつくりました。フォーマルな印象が強いテーラードですが、このジャケットは選ぶ布地によってガラリと表情が変わります。

木地谷　肩がゆるいボックスシルエットにすることで、体型をひろわずキレイに着られるようにしています。素材を替えて2〜3着つくったら、一年中着回せるよね。タイトでもルーズでもない、いい意味でどっちつかずのリラックス感がかわいいジャケットです。丈を短めにすることで、より今っぽさを出しました。

渡部　衿の折返し線の横に、前身頃と見返しの位置をずらして押さえるステッチがあるんです。この返り線ステッチのおかげで、着たときに衿が自然と返って感動しました!あと、衿の角をあわせる四つ止めも手順どおりに進めるとピタッと合うので、挑戦してほしいです。

B ノーカラージャケット

B

木地谷　Dのテーラードジャケットから衿をなくしたノーカラージャケット(p.5、p.20)は、カーディガン感覚でおれるアイテム。独自のバランスになるようにボタン位置を変えたよね。

渡部　ボタンの位置を斜めにすることでコックコートみたいになってかわいく仕上がりました。Aのセーラーカラーワンピースと合わせてジャケットの上に衿を出した着こなしもかわいいです。

E バンドカラーシャツワンピース

E

渡部　ポケットや前立てに、私が好きなミリタリーテイストのディテールを入れたお気に入りのシャツワンピース(p.8)です。一般的なミリタリーウェアほどカチッとさせず、袖口にギャザーを入れたり、大きなボタンをつけたりして、甘くやわらかい雰囲気に仕上げました。袖口に入れた太幅のゴムもポイントで、ぐっとたくし上げるとパフスリーブのようになります。

木地谷　アウターやはおりとしての使いみちもあるアイテムでバンドカラーも新しい!一枚で着てもすてきだけど、ボトムと合わせるとボリューム感とこなれ感が出るので、セットでも楽しんでもらいたいですね。

F フロントタックスカート

F

木地谷 このスカート(p.8、p.20)の最大の特徴は、大きなタックがフロントにあるのに、おなか回りがストンとスマートに見えるところです！トップスをインして着てもスッキリ見えるように、フロントにはウエストゴムを通さない工夫をしているんです。

渡部 このウエストゴムの仕様は理想どおり！このスカートはフロントをスッキリ見せたかったから、この仕上りはとてもうれしかったです！このスカート、ハリのある素材が似合います。逆にリネンなどのハリのない素材は、タックがクタッとしちゃうのであまりおすすめしていません。丈は長めがおすすめのスカートです。

G バックリボンワンピース
I ブラウス

G

I

渡部 このワンピース(p.12)とブラウス(p.14)は、涼しげなノースリーブなんだけど、二の腕は見せたくないので、内側に折り込んだ布のドレープによって隠れるように工夫しました。あと、背中のホールとリボンがデザインポイントで、後ろ姿もかわいいです。ワンピースもブラウスも、ふわっとしたシルエットなので涼しく着られて春夏の一枚着として便利です。

木地谷 たとえば冬はネル素材などでつくって、中にタートルネックをあわせてゆるっと重ね着をするのもかわいいですね。どちらも、FのスカートやHのパンツをあわせる提案をしています。

H ワイドストレートパンツ

H

木地谷 このパンツ(p.12、p.14、p.18、p.22)も、タックスカートと同じウエストゴムの仕様です。おなか回り、ヒップ、太ももまでがゆったりしていて、体の線を拾わず裾にテーパーを入れて少し細くしています。こうすることでスタイルがよく見え、かつ、ロールアップしたときに巻いた部分がキープされるんです。

渡部 さすが！ワイドでストンとしたまっすぐすぎるシルエットだと、ロールアップしたときに巻いた部分がくずれやすいんだよね。すこし細くしてくれているのは、すごく気が利いているなぁと思いました！

木地谷 わかってくれてうれしいです。みなさんが着たときのことをイメージして、細かいところにパターンの工夫を加えているんですよ。タックスカートと同様に、この本のすべてのアイテム(サロペット以外)に合うアイテムです。

K サロペット

K

渡部 このサロペット(p.16)は、一般的な肩ひもものサロペットではなく、後ろから見たときに洋服を着ているような、背中をカバーするデザインにしました。前身頃は左右が重なっていて窮屈でないので、着ていてらくちんです。

木地谷 パターンは、Hのパンツに身頃をつけているんです。そうそう、余談ですが、サロペットって、上下のパーツがひとつにつながっているので、業界的にはワンピースの仲間なんです。

J ヨークスリーブシャツ

J

渡部 とにかくオーバーサイズで、ゆったり着られるシャツ(p.16、p.18)をつくりたかったんです。肩と袖がつながっているヨークスリーブなので、どんな肩幅の人にもおすすめです。シンプルにしたくて、ポケットもつけませんでした。

木地谷 一枚で着たときのボリューム感もいいですが、はおりとしても役立つシャツです。サイズ2でつくったら男性にも！それから、私たちの著書『TOWNのパターンアレンジでつくる日常着』に衿のパターンが4種類掲載されているのですが、その衿もこのシャツにつけられます。本を持っているかたはぜひチャレンジしてみてください。

L ベスト

L

木地谷 今回の本は全体的にゆったりめのサイズ感だけど、ベスト(p.21、p.22)は1枚だけのコーディネートを考えてコンパクトにしています。ボリューム感のあるパンツやスカートとあわせるとシルエットがかわいいですよ。

渡部 ベストは、ツーピースももちろんかわいいけど、ジャケットの中に組み合わせて、スリーピースのコーディネートで着るのが、断然似合いますよね。TOWNからのイチオシです。

M ストール

M

渡部 今回はノーカラーギャザーワンピースのコーディネート用につくったストール(p.7)ですが、みなさんも、つくるアイテムと同じ布地でつくってみてくださいね。コーディネートがぐっと素敵になりますよ。

木地谷 フリンジは、丁寧にゆっくり糸をほどいていけばどなたでもできると思います。仕上がったときの満足感もあるし、自由にサイズを変えて何枚かつくっておくと、とても重宝するよね。

1 サイズの選び方

付録の実物大パターンは、size1、size2の2サイズになっています。参考寸法表を参考に自分のサイズを選びます。
各アイテムの仕上りサイズも参考にしてください。

◎参考寸法表 _{（ヌード寸法）}

（単位：cm）

	size1	size2
バスト	79〜84	85〜90
ヒップ	87〜92	93〜98
身長	154〜166	

※size1はS・Mを、size2はL・2Lを想定しています。

◎採寸箇所と採寸方法

[トップス]

着丈... 　後ろ中心の衿ぐりから裾まで。
バスト... 　袖ぐりの袖底位置で身頃を1周。
裾回り... 　ボタンを閉じた状態で裾端を1周。
肩幅... 　左右の肩先（袖ぐり）どうしの距離。
ゆき丈... 　後ろ中心の衿ぐりから肩先を通って
　　　　　袖口まで（注）。
袖口... 　袖口端を1周。

[ボトムス]

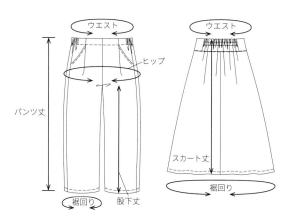

ウエスト... 　ウエスト上端を1周。
ヒップ... 　お尻のいちばん高い位置を1周。
裾回り... 　裾端を1周。
スカート丈... 　後ろ中心のウエストから裾まで。
パンツ丈... 　脇線のウエストから裾まで。
股下丈... 　股下線の股ぐりから裾まで。

2 実物大パターンの使い方

パターンは別の紙に写し取ります。ハトロン紙などの下の線が透ける程度の紙を用意しましょう。
パターンには、縫い代がついています。必要なパターンをチェックして、自分のサイズの縫い代線とその内側にある出来上り線の両方を写し、合い印、布目線（地の目）、ポケット位置、あき止り、パーツ名なども書き写します。蛍光ペンなどで線をなぞっておくと見やすくなります。
パターンを写し取ったら縫い代線（外側の細い線）にそって、パターンを切り取りましょう。

[パターン内の記号]

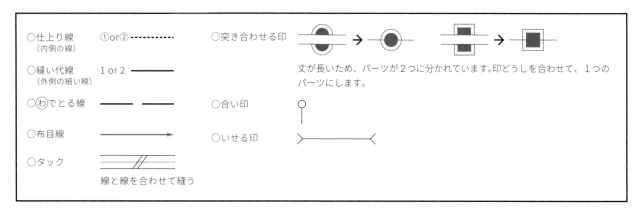

- ○仕上り線（内側の線）　①or② ------
- ○縫い代線（外側の細い線）　1 or 2 ——
- ○わでとる線
- ○布目線
- ○タック　線と線を合わせて縫う
- ○突き合わせる印
  丈が長いため、パーツが 2 つに分かれています。印どうしを合わせて、1 つのパーツにします。
- ○合い印
- ○いせる印

3 布地の下準備

◎コットン、リネンの場合

コットンやリネンは洗うと縮みますので、裁断する前に水通しをしましょう。布地が浸かる量の水に 1 時間ほど浸してから、洗濯機で軽く脱水し、陰干しの後、生乾きの段階でアイロンをかけます。

◎ウールの場合

ウール生地は水通しをしません。その代わりに、簡易な縮絨をして布地を安定させましょう。布地を広げて全体にまんべんなく霧吹きをかけ（片面でよい）、大きめのポリ袋に入れ、口をしっかり結んで閉じます。そのまま一晩寝かせ、翌日、アイロンをかけて乾かします。

4 布地の裁断

本書の裁合せ図は size1 のパターンを置いた状態になっています。
裁合せ図を参照して、布地の上にパターンを配置します。
つくるサイズ・使用する布地幅・柄によって、パターンの配置や布地の用尺が変わる場合があります。
使用するすべてのパターンを置いて、布地に入ることを確認してから裁断しましょう。

5 印つけ

裁断をしたら、布地に合い印を入れていきます。
パーツの周囲には、縫い代の始末によって、切込み（ノッチ）と切りじつけを使い分けます。

◎切込み（ノッチ）

ジグザグミシンやロックミシンの始末に向いています。

布端から 0.3cm 程度まではさみで切り込む

パターンの内側にある印（ダーツ止り、ボタンつけ位置、ポケットつけ位置など）はチョークペーパーとルレットを使って印をつけます。

◎切りじつけ

縫い代端をパイピング始末にする場合に向いています。

しつけ糸 3 〜 4 本どりでパイピングに隠れない位置に 0.3cm 程度布地をすくう

0.3cm

0.3cm ほど糸を残して切り落とし、糸を抜けにくくするためにアイロンで押さえる

6 ミシン縫いの前に

ミシン針とミシン糸は、布地の厚みに合ったものを使用しましょう。
縫う前に必ず端切れで試し縫いをして、針の太さや糸調子を確認します。

◎ミシン針とミシン糸

本書ではミシン針＝11番、ミシン糸＝60番を使用しています。
針目の大きさは3cmに17〜18目の細かい針目で縫いましたが、
基本的には3cmに12〜14目程度を目安にしてください。

[きれいに仕上げるポイント]

1か所縫うごとに、縫い目と縫い代にアイロンをかけましょう。
まとめてアイロンをかけるとアイロンがかけづらい部分が出てくるため、縫うごとにアイロンをかけると、仕上りがきれいになります。

共通の仕様

A 接着芯をはる

接着芯は熱を加えると縮む傾向にあります。
パターンどおりに裁断してから接着芯をはると、パターンより小さくなってしまうことがあるので
布地を仮裁断して接着芯をはってから、その後正しく裁断し直すようにしましょう。

◎パーツの全面にはる場合

表地は、縫い代端から1cmくらい大きく四角に仮裁断する

接着芯も同じ大きさで裁断

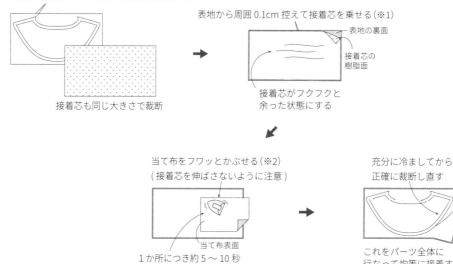

表地から周囲0.1cm控えて接着芯を乗せる（※1）

表地の裏面

接着芯の樹脂面

接着芯がフクフクと余った状態にする

当て布をフワッとかぶせる（※2）
(接着芯を伸ばさないように注意)

当て布表面

1か所につき約5〜10秒
アイロンを強く押し当てる（※3）

充分に冷ましてから正確に裁断し直す

これをパーツ全体に行なって均等に接着する

※1　接着芯は熱を加えると縮む傾向にあるため、周囲を0.1cm控えて
　　（少し接着芯が余っている状態で）接着芯をはるときれいに仕上がります。
※2　当て布は薄手の綿素材(綿ローン etc.)の切れ端で充分です。

※3　アイロンの温度・圧力・時間は素材によって違います。
　　必ず余り布で試しばりをして、接着強度は充分か、表地の変色はないか、表面に接着樹脂がしみ出していないかを必ず確認してください。

◎ パーツの一部分にはる場合

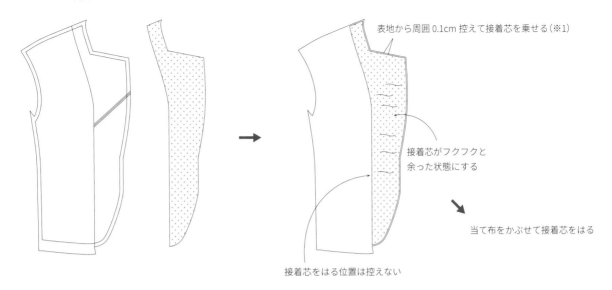

表地から周囲0.1cm控えて接着芯を乗せる（※1）

接着芯がフクフクと余った状態にする

当て布をかぶせて接着芯をはる

接着芯をはる位置は控えない

B 伸び止めテープをはる

衿ぐりや袖ぐりなどカーブしている部分には
1cm幅のハーフバイアステープを使用します。

縫い代の端に合わせる

身頃裏面

ポケット口や肩線など伸びをしっかり止めたい部分には
1cm幅のストレートテープを使用します。

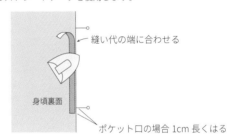

縫い代の端に合わせる

身頃裏面

ポケット口の場合1cm長くはる

C 縫い目利用の脇ポケットをつくる

ワンピース、サロペットの場合

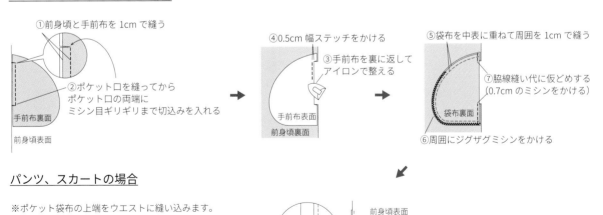

①前身頃と手前布を1cmで縫う

②ポケット口を縫ってから
ポケット口の両端に
ミシン目ギリギリまで切込みを入れる

手前布裏面

前身頃表面

④0.5cm幅ステッチをかける

③手前布を裏に返して
アイロンで整える

手前布表面

前身頃裏面

⑤袋布を中表に重ねて周囲を1cmで縫う

⑦脇線縫い代に仮どめする
（0.7cmのミシンをかける）

袋布裏面

⑥周囲にジグザグミシンをかける

パンツ、スカートの場合

※ポケット袋布の上端をウエストに縫い込みます。

①前と手前布を1cmで縫う

②ポケット口を縫ってから
ポケット口の両端に
ミシン目ギリギリまで切込みを入れる

手前布裏面

前パンツ or スカート表面

前身頃表面

⑧ポケット口の両端を
カンヌキ（※）で補強する

※2〜3往復の返し縫いのこと

この先は各アイテムごとの
脇線縫い工程で仕上げる

D ボタンホールとボタンつけ

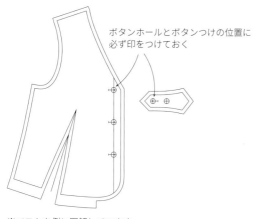

ボタンホールとボタンつけの位置に
必ず印をつけておく

※ベストを例に図解しています

ベストのタブや、ポケットのフラップ（p.50）などは
本体に縫いつける前に
ボタンホールをあけてもよい。

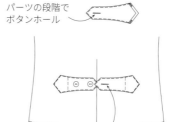

パーツの段階で
ボタンホール

または、身頃に縫いつけてから
前あきなどと一緒に最後にボタンホール

◎ ボタンホールの種類（使い分け方）

ジャケットやコートなど、アウターアイテムは「ハトメ穴」にします。
アウターは着脱する回数が多いため、大きなボタンと太番手の糸でしっかり縫いつけることが多く、糸足が太くなります。
そのためハトメ部分を作っておくと太い糸足がきちんと収まります。

ハトメ（鳩目）部分

ブラウスやワンピースなど、軽衣料アイテムは「ネムリ穴」にします。
軽衣料は薄手の素材に小さめのボタンを使用することが多いため、ネムリ穴で軽く仕上げます。

ハトメ（鳩目）が閉じているのでネムリ穴

E 縫い代をパイピング始末にする

縫い代始末には、ジグザグミシン・ロックミシン・パイピングなどいくつか種類がありますが、
アウターアイテムは人前で脱ぐ機会が多いアイテムなのでぜひパイピングで縫い代を始末して、
「裏が見えても素敵な始末」に挑戦してみてください。

本書では、既製のバイアステープ「四つ折り 8mm」を使用しました。

8mm　　　　　　　　　　　片側が広く折られている

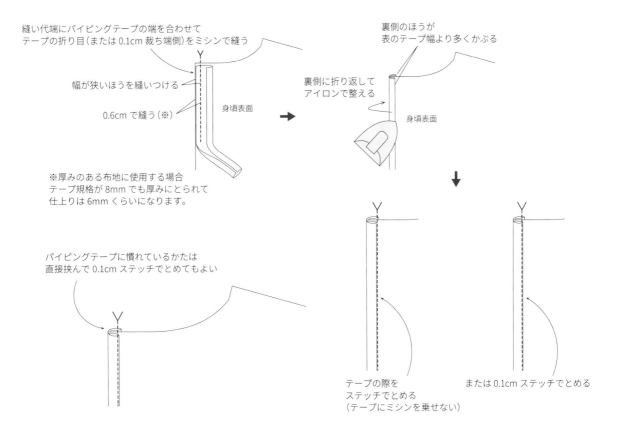

縫い代端にパイピングテープの端を合わせて
テープの折り目(または 0.1cm 裁ち端側)をミシンで縫う

幅が狭いほうを縫いつける

0.6cm で縫う(※)

身頃表面

裏側のほうが
表のテープ幅より多くかぶる

裏側に折り返して
アイロンで整える

身頃表面

※厚みのある布地に使用する場合
テープ規格が 8mm でも厚みにとられて
仕上りは 6mm くらいになります。

パイピングテープに慣れているかたは
直接挟んで 0.1cm ステッチでとめてもよい

テープの際を
ステッチでとめる
(テープにミシンを乗せない)

または 0.1cm ステッチでとめる

F 布ループをつくる

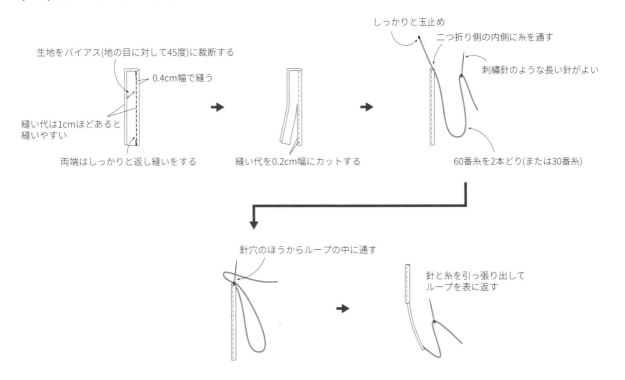

生地をバイアス(地の目に対して45度)に裁断する

0.4cm幅で縫う

縫い代は1cmほどあると
縫いやすい

両端はしっかりと返し縫いをする

縫い代を0.2cm幅にカットする

しっかりと玉止め

二つ折り側の内側に糸を通す

刺繍針のような長い針がよい

60番糸を2本どり(または30番糸)

針穴のほうからループの中に通す

針と糸を引っ張り出して
ループを表に返す

A セーラーカラーワンピース

photo p.1, p.4, p.5

仕上りサイズ　左から size1 / size2

着丈　116 / 119cm
バスト　100 / 106cm
ウエスト　116.5 / 122.5cm
裾回り　186 / 199cm
肩幅　39 / 41cm
ゆき丈　65 / 68cm
袖口　26 / 28cm

材料

表地：コットン　105cm幅
380cm（size1）/ 400cm（size2）
（「コットンパピエギンガムチェック」
CHECK&STRIPE）
接着芯（90cm幅）　60cm
伸び止めテープ（1cm幅ハーフバイアス）　60cm
伸び止めテープ（1cm幅ストレート）　40cm
ボタン（直径1cm）　1個
リボン（0.7cm幅）　360cm

つくり方順序（p.38〜41参照）

※接着芯と伸び止めテープをはる（p.30〜31参照）

【上身頃をつくる】
①後ろ中心を縫う
②肩線を縫う
※セーラーカラーの場合はここで衿をつくります
③衿ぐりを縫う
④脇線を縫って裾を始末する
⑤袖山切替え線と袖下線を縫う
⑥袖口を始末する
⑦袖つけをする

【スカートをつくる】
⑧脇ポケットをつくる（p.31参照）
⑨ウエストのギャザーを寄せる
⑩裾始末する

【上身頃とスカートを合体する】
⑪上身頃とスカートを縫い合わせる
⑫ボタンつけとウエストのリボンを通す

裁合せ図

後ろ袖口見返し
表地・接着芯
各2枚
前袖口見返し
表地・接着芯
各2枚
前衿ぐり見返し
表地・接着芯
各1枚
袋布
表地4枚
後ろ衿ぐり見返し
表地・接着芯
各2枚
後ろ衿
表地4枚
接着芯2枚
前衿
表地4枚
接着芯2枚
後ろ身頃
表地2枚
後ろ袖
表地2枚
前袖
表地2枚
前身頃
表地1枚
後ろスカート
表地1枚
前スカート
表地1枚

※裏衿には接着芯をはらない。表衿のみはる。

380cm
（size1）
400cm
（size2）

105cm幅

※接着芯を全面にはるパーツは、
　四角く囲んだパターンで裁断しました。

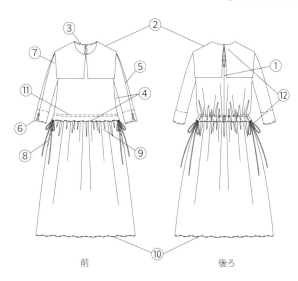

③　②
⑦　⑤
⑪　④
⑥　①
⑧　⑫
　　⑨
前　　後ろ
⑩

◎伸び止めテープをはる位置

後ろ衿ぐりに
ハーフバイアステープ
前衿ぐりに
ハーフバイアステープ
後ろ身頃
表地2枚
前身頃
表地1枚
わ

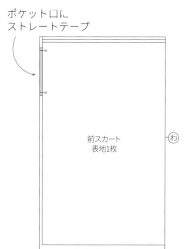

ポケット口に
ストレートテープ
前スカート
表地1枚
わ

仕上りサイズ　左から size1 / size2

着丈　56.5 / 58.5cm
バスト　114 / 120cm
裾回り　113 / 119cm
肩幅　50.5 / 52.5cm
ゆき丈　79 / 82cm
袖口　27.5 / 29.5cm

つくり方順序

※接着芯と伸び止めテープをはる（p.30〜31参照）

①前身頃パネルラインを縫ってポケットをつける
②後ろ身頃パネルラインと後ろ中心を縫う
③肩線を縫う
④衿ぐり〜前端を縫い返す
⑤見返しステッチと裾の始末
⑥袖をつくって袖つけをする
⑦ボタンホール＆ボタンつけ（p.32参照）

①〜③はp.44〜45の①〜③を参照
⑤〜⑥はp.48の⑥〜⑦を参照

材料（p.5）

表地：コットン　105cm幅
250cm（size1）/ 255cm（size2）
（「コットンパピエギンガムチェック」
CHECK&STRIPE）
接着芯（90cm幅）　95cm
伸び止めテープ
（1cm幅ハーフバイアス）　170cm
ボタン（直径1.8cm）　4個

材料（p.20）

表地：20Sチノストレッチ　138cm幅
200cm（size1）/ 205cm（size2）
（品番11437　ソールパーノ）
接着芯（90cm幅）　95cm
伸び止めテープ
（1cm幅ハーフバイアス）　170cm
ボタン（直径1.8cm）　4個

裁合せ図（p.5）

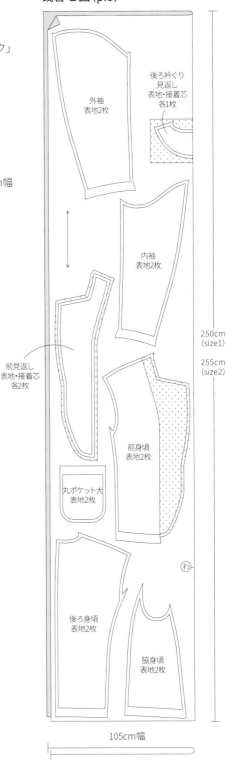

後ろ衿ぐり
見返し
表地・接着芯
各1枚

外袖
表地2枚

内袖
表地2枚

前見返し
表地・接着芯
各2枚

前身頃
表地2枚

丸ポケット大
表地2枚

後ろ身頃
表地2枚

脇身頃
表地2枚

わ

250cm
（size1）

255cm
（size2）

105cm幅

※接着芯を全面にはるパーツは、
　周囲に平行に1cmの余裕をつけて裁断しました。

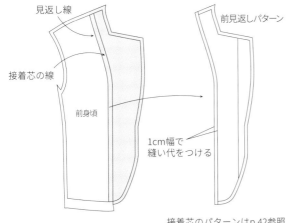

④ ③ ⑥ ② ① ⑤ 前 ⑦ 後ろ

◎前見返しパターンと前身頃接着芯のパターンをつくる

前身頃の見返し線から抜き取って「前見返し」のパターンにする
※テーラードジャケット用の前見返しパターンとは形状が異なるので注意。

見返し線
前見返しパターン
接着芯の線
前身頃
1cm幅で
縫い代をつける

接着芯のパターンはp.42参照

裁合せ図(p.20)

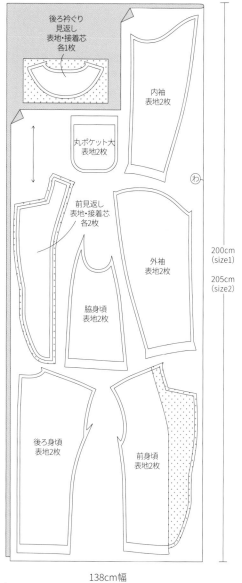

- 後ろ衿ぐり見返し 表地・接着芯 各1枚
- 内袖 表地2枚
- 丸ポケット大 表地2枚
- 前見返し 表地・接着芯 各2枚
- 外袖 表地2枚
- 脇身頃 表地2枚
- 後ろ身頃 表地2枚
- 前身頃 表地2枚

200cm (size1)
205cm (size2)

138cm幅

※接着芯を全面にはるパーツは、
周囲に平行に1cmの余裕をつけて裁断しました。

◎伸び止めテープをはる位置

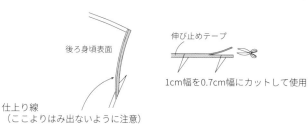

衿ぐりと袖ぐりに ハーフバイアステープ

- 後ろ身頃 表地2枚
- 脇身頃 表地2枚
- 前身頃 表地2枚
- 前身頃接着芯2枚

※袖ぐりの伸び止めテープは0.7cm幅にカットして
生地の表面にはる。（裏面にはるとテープが見えてしまうため）
※袖ぐりの伸び止めテープは、かたくて伸びない生地を
使用する場合ははらなくてもよい。

後ろ身頃表面

仕上がり線
（ここよりはみ出ないように注意）

伸び止めテープ

1cm幅を0.7cm幅にカットして使用

④衿ぐり～前端を縫い返す

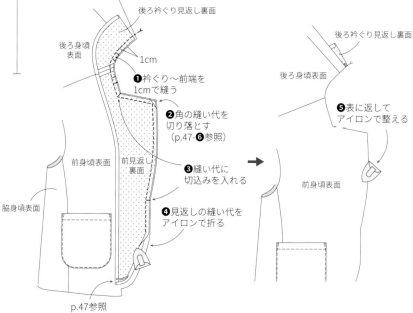

後ろ衿ぐり見返し裏面

1cm

❶衿ぐり～前端を
1cmで縫う

❷角の縫い代を
切り落とす
(p.47-❻参照)

❸縫い代に
切込みを入れる

❹見返しの縫い代を
アイロンで折る

後ろ身頃表面

前身頃表面

前見返し裏面

脇身頃表面

p.47参照

後ろ衿ぐり見返し裏面

後ろ身頃表面

❺表に返して
アイロンで整える

前身頃表面

C ノーカラーギャザーワンピース

photo p.6, p.7, p.11

実物大パターン 1表

仕上りサイズ　左から size1 / size2

着丈　116 / 119cm
バスト　100 / 106cm
ウエスト　116.5 / 122.5cm
裾回り　186 / 199cm
肩幅　39 / 41cm
ゆき丈　65 / 68cm
袖口　26 / 28cm

材料

表地：リネン　110cm幅
320cm（size1）/ 330cm（size2）
（「天使のリネン」　CHECK&STRIPE）
接着芯（90cm幅）　60cm
伸び止めテープ（1cm幅ハーフバイアス）　60cm
伸び止めテープ（1cm幅ストレート）　40cm
ボタン（直径1cm）　1個
リボン（0.7cm幅）　360cm

つくり方順序

※接着芯と伸び止めテープをはる（p.30〜31参照）

【上身頃をつくる】
①後ろ中心を縫う
②肩線を縫う
③衿ぐりを縫う
④脇線を縫って裾を始末する
⑤袖山切替え線と袖下線を縫う
⑥袖口を始末する
⑦袖つけをする

【スカートをつくる】
⑧脇ポケットをつくる（p.31参照）
⑨ウエストのギャザーを寄せる
⑩裾始末する

【上身頃とスカートを合体する】
⑪上身頃とスカートを縫い合わせる
⑫ボタンつけとウエストのリボンを通す

裁合せ図

前衿ぐり見返し
表地・接着芯
各1枚

前袖口見返し
表地・接着芯
各2枚

後ろ袖口見返し
表地・接着芯
各2枚

後ろ衿ぐり見返し
表地・接着芯
各2枚

袋布
表地4枚

後ろ身頃
表地2枚

後ろ袖
表地2枚

前袖
表地2枚

前身頃
表地1枚

後ろスカート
表地1枚

前スカート
表地1枚

320cm
（size1）
330cm
（size2）

110cm幅

前　　　後ろ

※接着芯を全面にはるパーツは、
四角く囲んだパターンで裁断しました。

◎伸び止めテープをはる位置

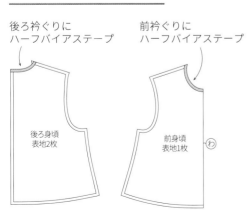

後ろ衿ぐりに
ハーフバイアステープ

前衿ぐりに
ハーフバイアステープ

後ろ身頃
表地2枚

前身頃
表地1枚

ポケット口に
ストレートテープ

前スカート
表地1枚

つくり方

①後ろ中心を縫う

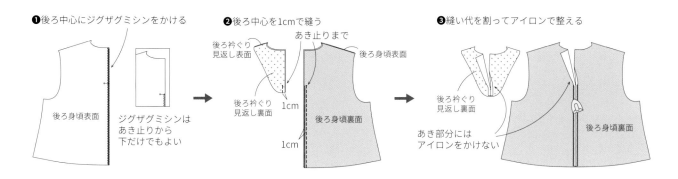

❶後ろ中心にジグザグミシンをかける

後ろ身頃表面

ジグザグミシンは
あき止りから
下だけでもよい

❷後ろ中心を1cmで縫う

あき止りまで

後ろ衿ぐり
見返し表面

後ろ衿ぐり
見返し裏面

1cm

後ろ身頃表面

後ろ身頃裏面

1cm

❸縫い代を割ってアイロンで整える

後ろ衿ぐり
見返し裏面

あき部分には
アイロンをかけない

後ろ身頃裏面

②肩線を縫う

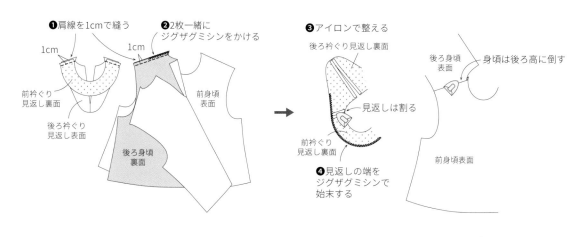

❶肩線を1cmで縫う

1cm

1cm

前衿ぐり
見返し裏面

後ろ衿ぐり
見返し表面

後ろ身頃
裏面

❷2枚一緒に
ジグザグミシンをかける

前身頃
表面

❸アイロンで整える

後ろ衿ぐり見返し裏面

見返しは割る

前衿ぐり
見返し裏面

❹見返しの端を
ジグザグミシンで
始末する

後ろ身頃
表面

身頃は後ろ高に倒す

前身頃表面

衿をつくる(ノーカラーの場合は③にすすむ)

※左右の衿を同仕様でつくる

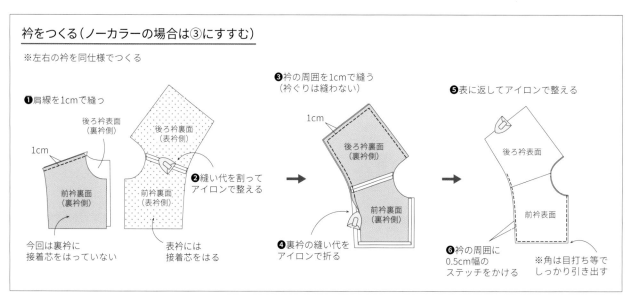

❶肩線を1cmで縫う

後ろ衿表面
(裏衿側)

1cm

前衿裏面
(裏衿側)

今回は裏衿に
接着芯をはっていない

後ろ衿裏面
(表衿側)

前衿裏面
(表衿側)

❷縫い代を割って
アイロンで整える

表衿には
接着芯をはる

❸衿の周囲を1cmで縫う
(衿ぐりは縫わない)

1cm

後ろ衿裏面
(裏衿側)

前衿裏面
(裏衿側)

❹裏衿の縫い代を
アイロンで折る

❺表に返してアイロンで整える

後ろ衿表面

前衿表面

❻衿の周囲に
0.5cm幅の
ステッチをかける

※角は目打ち等で
しっかり引き出す

③衿ぐりを縫う

❶布ループを仮どめする
※布ループのつくり方はp.33参照
※右後ろにつける

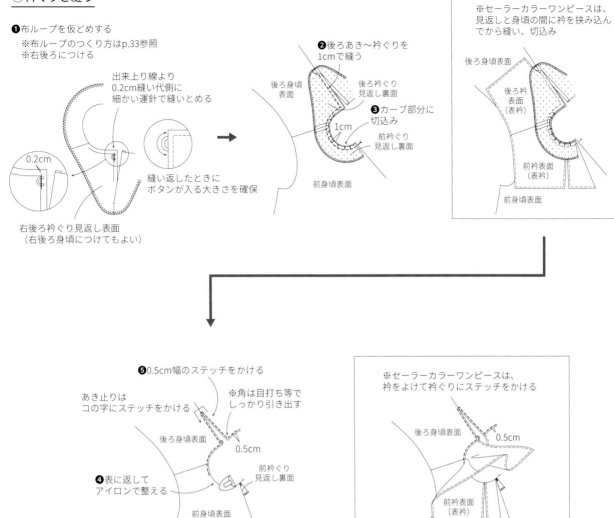

出来上り線より
0.2cm縫い代側に
細かい運針で縫いとめる

0.2cm

縫い返したときに
ボタンが入る大きさを確保

右後ろ衿ぐり見返し表面
（右後ろ身頃につけてもよい）

❷後ろあき～衿ぐりを
1cmで縫う

後ろ身頃
表面

後ろ衿ぐり
見返し裏面

1cm

❸カーブ部分に
切込み

前衿ぐり
見返し裏面

前身頃表面

※セーラーカラーワンピースは、
見返しと身頃の間に衿を挟み込ん
でから縫い、切込み

後ろ身頃表面

後ろ衿
表面
（表衿）

前衿表面
（表衿）

前身頃表面

❺0.5cm幅のステッチをかける

あき止りは
コの字にステッチをかける

※角は目打ち等で
しっかり引き出す

後ろ身頃表面

0.5cm

❹表に返して
アイロンで整える

前衿ぐり
見返し裏面

前身頃表面

※セーラーカラーワンピースは、
衿をよけて衿ぐりにステッチをかける

後ろ身頃表面

0.5cm

前衿表面
（表衿）

前身頃表面

④脇線を縫って裾を始末する

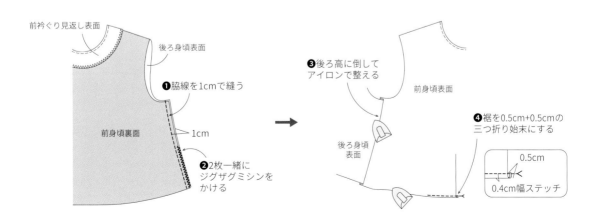

前衿ぐり見返し表面

後ろ身頃表面

❶脇線を1cmで縫う

前身頃裏面

1cm

❷2枚一緒に
ジグザグミシンを
かける

❸後ろ高に倒して
アイロンで整える

前身頃表面

後ろ身頃
表面

❹裾を0.5cm+0.5cmの
三つ折り始末にする

0.5cm

0.4cm幅ステッチ

⑤袖山切替え線と袖下線を縫う

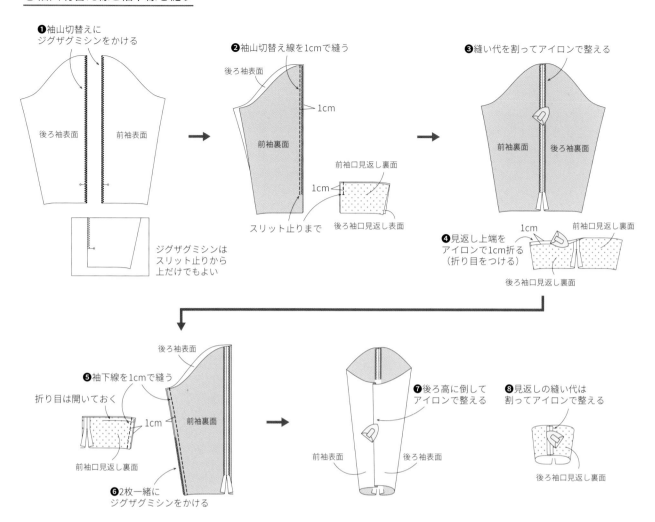

❶袖山切替えに
ジグザグミシンをかける

後ろ袖表面　　前袖表面

ジグザグミシンは
スリット止りから
上だけでもよい

❷袖山切替え線を1cmで縫う

後ろ袖表面

1cm

前袖裏面

1cm

スリット止りまで

前袖口見返し裏面

後ろ袖口見返し表面

❸縫い代を割ってアイロンで整える

前袖裏面　　後ろ袖裏面

❹見返し上端を
アイロンで1cm折る
（折り目をつける）

1cm

前袖口見返し裏面

後ろ袖口見返し裏面

❺袖下線を1cmで縫う

折り目は開いておく

1cm

前袖口見返し裏面

❻2枚一緒に
ジグザグミシンをかける

後ろ袖表面

前袖裏面

❼後ろ高に倒して
アイロンで整える

前袖表面　　後ろ袖表面

❽見返しの縫い代は
割ってアイロンで整える

後ろ袖口見返し裏面

⑥袖口を始末する

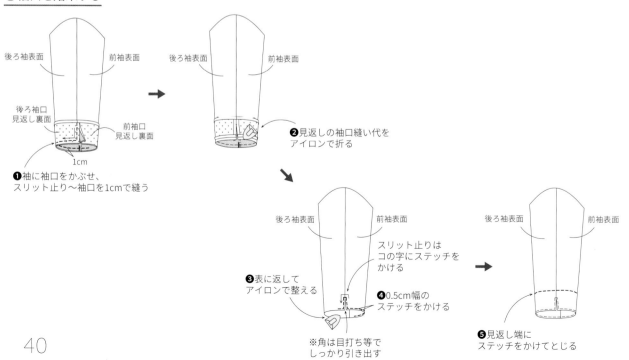

後ろ袖表面　　前袖表面

後ろ袖口
見返し裏面

前袖口
見返し裏面

1cm

❶袖に袖口をかぶせ、
スリット止り～袖口を1cmで縫う

後ろ袖表面　　前袖表面

❷見返しの袖口縫い代を
アイロンで折る

後ろ袖表面　　前袖表面

スリット止りは
コの字にステッチを
かける

❸表に返して
アイロンで整える

❹0.5cm幅の
ステッチをかける

※角は目打ち等で
しっかり引き出す

後ろ袖表面　　前袖表面

❺見返し端に
ステッチをかけてとじる

⑦袖つけをする

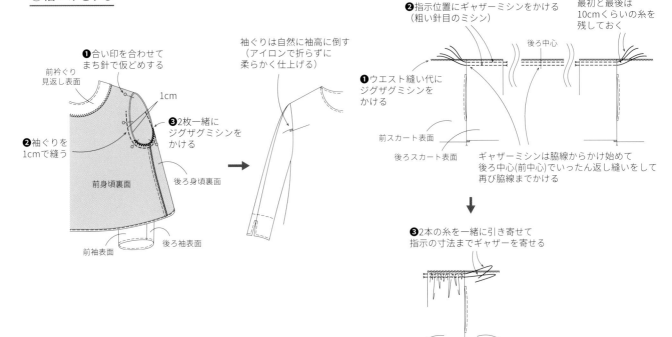

❶合い印を合わせて
まち針で仮どめする

前衿ぐり
見返し表面

1cm

❸2枚一緒に
ジグザグミシンを
かける

❷袖ぐりを
1cmで縫う

前身頃裏面

後ろ身頃裏面

前袖表面

後ろ袖表面

袖ぐりは自然に袖高に倒す
（アイロンで折らずに
柔らかく仕上げる）

⑨ウエストのギャザーを寄せる

❷指示位置にギャザーミシンをかける
（粗い針目のミシン）

最初と最後は
10cmくらいの糸を
残しておく

後ろ中心

❶ウエスト縫い代に
ジグザグミシンを
かける

前スカート表面

後ろスカート表面

ギャザーミシンは脇線からかけ始めて
後ろ中心（前中心）でいったん返し縫いをして
再び脇線までかける

❸2本の糸を一緒に引き寄せて
指示の寸法までギャザーを寄せる

後ろスカート表面　　　　前スカート表面

⑩裾始末する

裾を1cm+1cmの
三つ折り始末にする

1cm

0.8cm幅ステッチ

⑪上身頃とスカートを縫い合わせる

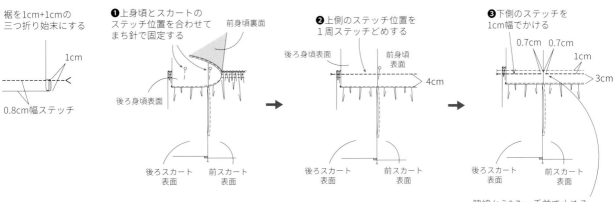

❶上身頃とスカートの
ステッチ位置を合わせて
まち針で固定する

前身頃裏面

後ろ身頃表面

後ろスカート
表面

前スカート
表面

❷上側のステッチ位置を
1周ステッチどめする

後ろ身頃表面

前身頃
表面

4cm

後ろスカート
表面

前スカート
表面

❸下側のステッチを
1cm幅でかける

0.7cm　0.7cm

1cm

3cm

後ろスカート
表面

前スカート
表面

脇線から0.7cm手前で止める
（1.4cm間がひも通し口になるので
しっかりと返し縫いをする）

⑫ボタンつけとウエストのリボンを通す

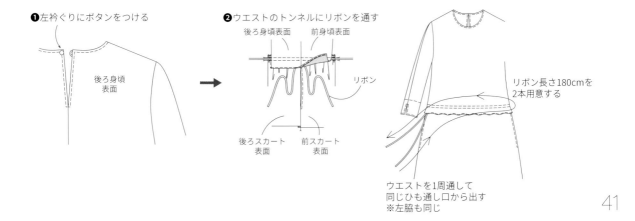

❶左衿ぐりにボタンをつける

後ろ身頃
表面

❷ウエストのトンネルにリボンを通す

後ろ身頃表面

前身頃表面

リボン

後ろスカート
表面

前スカート
表面

リボン長さ180cmを
2本用意する

ウエストを1周通して
同じひも通し口から出す
※左脇も同じ

D テーラードジャケット

photo p.11, p.22

仕上りサイズ　左から size1 / size2

着丈　56.5 / 58.5cm
バスト　114 / 120cm
裾回り　113 / 119cm
肩幅　50.5 / 52.5cm
ゆき丈　79 / 82cm
袖口　27.5 / 29.5cm

材料(p.11)

表地：リネン　110cm幅
260cm(size1) / 270cm(size2)
(「天使のリネン」　CHECK&STRIPE)
接着芯(90cm幅)　110cm
伸び止めテープ(1cm幅ストレート)　45cm
伸び止めテープ(1cm幅ハーフバイアス)　200cm
ボタン(直径1.8cm)　2個

つくり方順序

※接着芯と伸び止めテープをはる(p.30〜31参照)

①前身頃パネルラインを縫ってポケットをつける
②後ろ身頃パネルラインと後ろ中心を縫う
③肩線を縫う
④衿をつける
⑤衿と前端を縫い返す
⑥見返しステッチと裾の始末
⑦袖をつくって袖つけをする
⑧ボタンホール＆ボタンつけ(p.32参照)

材料(p.22)

表地：リネンウール　110cm幅
260cm(size1) / 270cm(size2)
(「リネンウールリンレイヌ」　CHECK&STRIPE)
接着芯(90cm幅)　110cm
伸び止めテープ(1cm幅ストレート)　45cm
伸び止めテープ(1cm幅ハーフバイアス)　200cm
ボタン(直径1.8cm)　2個

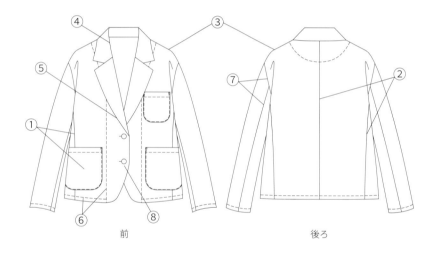

前　　　　　後ろ

◎前身頃接着芯のパターンをつくる

前身頃の接着芯の線から抜き取って
「前身頃芯」のパターンにする

接着芯の線

前身頃
表地2枚

裁合せ図(p.11, p.22)

表衿
表地・接着芯
各1枚

地衿
表地・接着芯
各1枚

丸ポケット小
表地1枚

後ろ衿ぐり
見返し
表地・接着芯
各1枚

丸ポケット大
表地2枚

外袖
表地2枚

内袖
表地2枚

260cm
(size1)

270cm
(size2)

前身頃
表地2枚

脇身頃
表地2枚

後ろ身頃
表地2枚

前見返し
表地・接着芯
各2枚

110cm幅

※接着芯を全面にはるパーツは、
周囲に平行に1cmの余裕をつけて裁断しました。
※サンプルの胸ポケットは左のみつけました。

◎伸び止めテープをはる位置

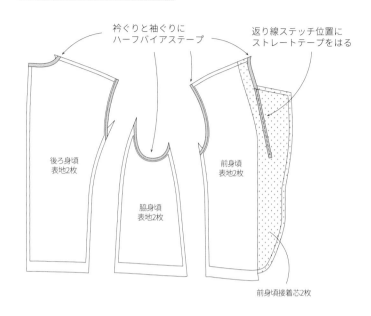

衿ぐりと袖ぐりに
ハーフバイアステープ

返り線ステッチ位置に
ストレートテープをはる

後ろ身頃
表地2枚

脇身頃
表地2枚

前身頃
表地2枚

前身頃接着芯2枚

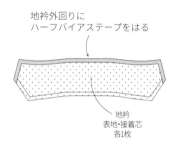

地衿外回りに
ハーフバイアステープをはる

地衿
表地・接着芯
各1枚

※袖ぐりの伸び止めテープは0.7cm幅にカットして
生地の表面にはる。（裏面にはるとテープが見えてしまうため）
※袖ぐりの伸び止めテープは、かたくて伸びない生地を使用する
場合ははらなくてもよい。

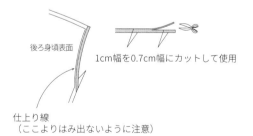

後ろ身頃表面

1cm幅を0.7cm幅にカットして使用

仕上り線
（ここよりはみ出ないように注意）

つくり方

①前身頃パネルラインを縫ってポケットをつける

☆サンプルの胸ポケットは左のみつけました

❶前パネルラインを1cmで縫う

前身頃
表面

1cm

脇身頃
裏面

❷2枚一緒に
ジグザグミシンを
かける

前身頃表面

脇身頃
表面

❸前高に倒して
アイロンで整える

※ポケット位置は
必ず印をつけておく

❹ポケット口を
1cm+2cmの三つ折りにする

ポケット裏面

❺ポケット口に
1.8cm幅でステッチをかける

1.8cm 1cm

❼周囲縫い代を
アイロンで1cm折る

ポケット裏面

❻周囲縫い代に
ジグザグミシンをかける

❽周囲を0.2cm幅ステッチで
縫いつける

角は三角に
ステッチ

前左身頃表面

脇身頃
表面

②後ろ身頃パネルラインと後ろ中心を縫う

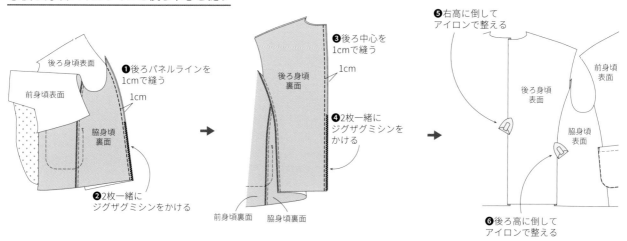

後ろ身頃表面

前身頃表面

❶後ろパネルラインを
1cmで縫う

1cm

脇身頃
裏面

❷2枚一緒に
ジグザグミシンをかける

❸後ろ中心を
1cmで縫う

後ろ身頃
裏面

1cm

❹2枚一緒に
ジグザグミシンを
かける

前身頃裏面　脇身頃裏面

❺右高に倒して
アイロンで整える

後ろ身頃
表面

前身頃
表面

脇身頃
表面

❻後ろ高に倒して
アイロンで整える

③肩線を縫う

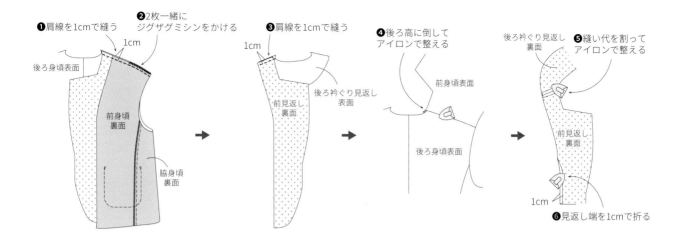

❶肩線を1cmで縫う

❷2枚一緒に
ジグザグミシンをかける

1cm

後ろ身頃表面

前身頃
裏面

脇身頃
裏面

❸肩線を1cmで縫う

1cm

前見返し
裏面

後ろ衿ぐり見返し
表面

❹後ろ高に倒して
アイロンで整える

前身頃表面

後ろ身頃表面

❺縫い代を割って
アイロンで整える

後ろ衿ぐり見返し
裏面

前見返し
裏面

1cm

❻見返し端を1cmで折る

④衿をつける

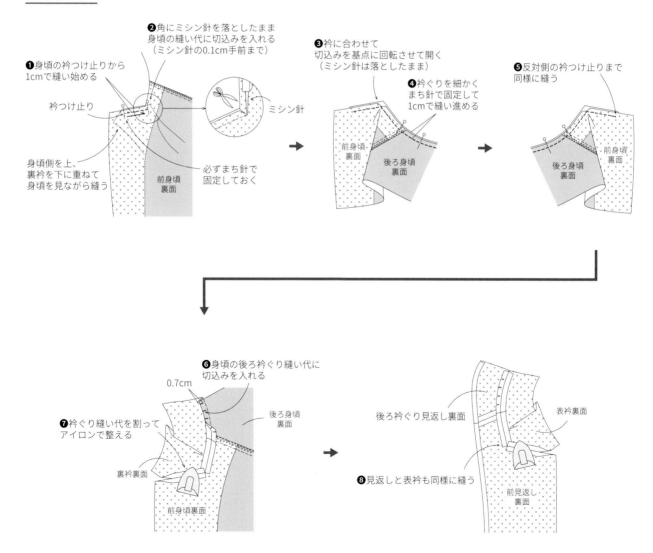

❶身頃の衿つけ止りから
1cmで縫い始める

衿つけ止り

身頃側を上、
裏衿を下に重ねて
身頃を見ながら縫う

❷角にミシン針を落としたまま
身頃の縫い代に切込みを入れる
（ミシン針の0.1cm手前まで）

ミシン針

必ずまち針で
固定しておく

前身頃
裏面

❸衿に合わせて
切込みを基点に回転させて開く
（ミシン針は落としたまま）

❹衿ぐりを細かく
まち針で固定して
1cmで縫い進める

前身頃
裏面

後ろ身頃
裏面

❺反対側の衿つけ止りまで
同様に縫う

後ろ身頃
裏面

前身頃
裏面

❻身頃の後ろ衿ぐり縫い代に
切込みを入れる

0.7cm

後ろ身頃
裏面

❼衿ぐり縫い代を割って
アイロンで整える

裏衿裏面

前身頃裏面

後ろ衿ぐり見返し裏面

表衿裏面

❽見返しと表衿も同様に縫う

前見返し
裏面

⑤衿と前端を縫い返す

❶衿つけ止りを「四つ止め」する（※）

※四つ止めとは、身頃と見返しの衿つけ止り位置を
完全に一致させてずれないようにするためのひと手間です。

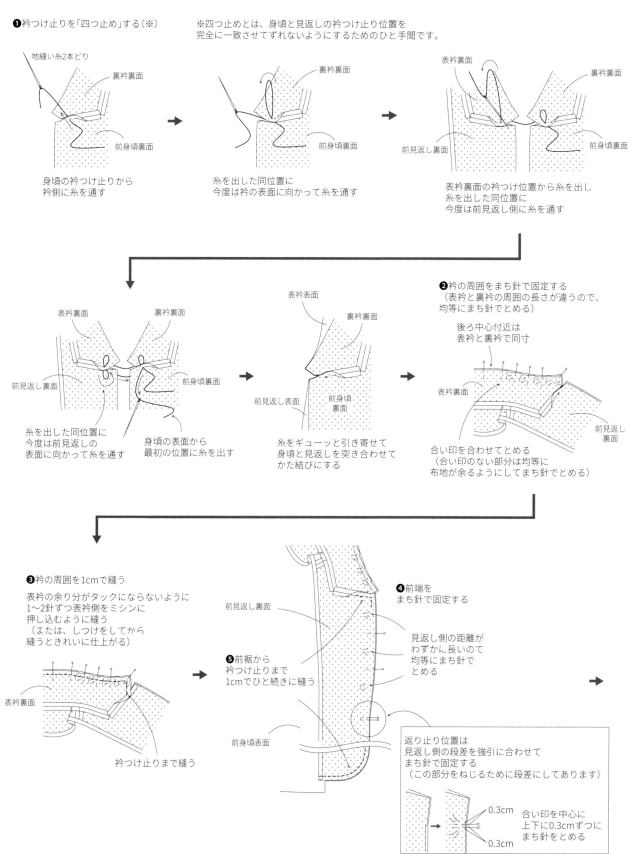

地縫い糸2本どり
裏衿裏面
前身頃裏面

身頃の衿つけ止りから
衿側に糸を通す

裏衿裏面
前身頃裏面

糸を出した同位置に
今度は衿の表面に向かって糸を通す

表衿裏面
裏衿裏面
前見返し裏面
前身頃裏面

表衿裏面の衿つけ位置から糸を出し
糸を出した同位置に
今度は前見返し側に糸を通す

表衿裏面
裏衿裏面
前見返し裏面
前身頃裏面

糸を出した同位置に
今度は前見返しの
表面に向かって糸を通す

身頃の表面から
最初の位置に糸を出す

表衿表面
裏衿裏面
前見返し表面
前身頃裏面

糸をギューッと引き寄せて
身頃と見返しを突き合わせて
かた結びにする

❷衿の周囲をまち針で固定する
（表衿と裏衿の周囲の長さが違うので、
均等にまち針でとめる）

後ろ中心付近は
表衿と裏衿で同寸

表衿裏面
前見返し裏面

合い印を合わせてとめる
（合い印のない部分は均等に
布地が余るようにしてまち針でとめる）

❸衿の周囲を1cmで縫う

表衿の余り分がタックにならないように
1～2針ずつ表衿側をミシンに
押し込むように縫う
（または、しつけをしてから
縫うときれいに仕上がる）

表衿裏面

衿つけ止りまで縫う

前見返し裏面

❺前裾から
衿つけ止りまで
1cmでひと続きに縫う

前身頃表面

❹前端を
まち針で固定する

見返し側の距離が
わずかに長いので
均等にまち針で
とめる

返り止り位置は
見返し側の段差を強引に合わせて
まち針で固定する
（この部分をねじるために段差にしてあります）

0.3cm
0.3cm

合い印を中心に
上下に0.3cmずつに
まち針をとめる

46

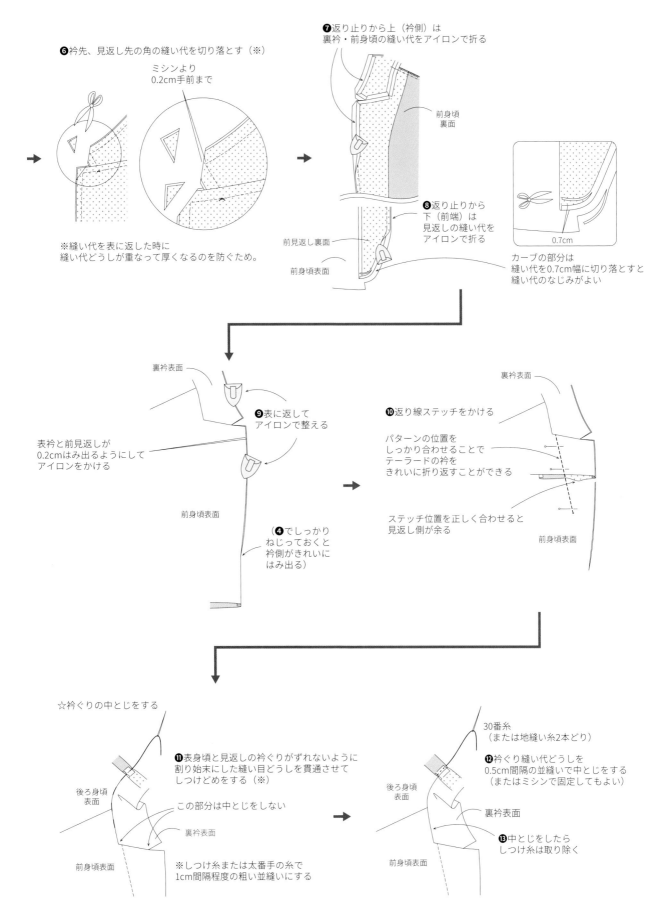

❻衿先、見返し先の角の縫い代を切り落とす（※）

ミシンより
0.2cm手前まで

※縫い代を表に返した時に
縫い代どうしが重なって厚くなるのを防ぐため。

❼返り止りから上（衿側）は
裏衿・前身頃の縫い代をアイロンで折る

前身頃
裏面

❽返り止りから
下（前端）は
見返しの縫い代を
アイロンで折る

前見返し裏面

前身頃表面

0.7cm

カーブの部分は
縫い代を0.7cm幅に切り落とすと
縫い代のなじみがよい

裏衿表面

❾表に返して
アイロンで整える

表衿と前見返しが
0.2cmはみ出るようにして
アイロンをかける

前身頃表面

（❹でしっかり
ねじっておくと
衿側がきれいに
はみ出る）

裏衿表面

❿返り線ステッチをかける

パターンの位置を
しっかり合わせることで
テーラードの衿を
きれいに折り返すことができる

ステッチ位置を正しく合わせると
見返し側が余る

前身頃表面

☆衿ぐりの中とじをする

⓫表身頃と見返しの衿ぐりがずれないように
割り始末にした縫い目どうしを貫通させて
しつけどめをする（※）

この部分は中とじをしない

後ろ身頃
表面

裏衿表面

前身頃表面

※しつけ糸または太番手の糸で
1cm間隔程度の粗い並縫いにする

30番糸
（または地縫い糸2本どり）

⓬衿ぐり縫い代どうしを
0.5cm間隔の並縫いで中とじをする
（またはミシンで固定してもよい）

後ろ身頃
表面

裏衿表面

⓭中とじをしたら
しつけ糸は取り除く

前身頃表面

47

⑥見返しステッチと裾の始末

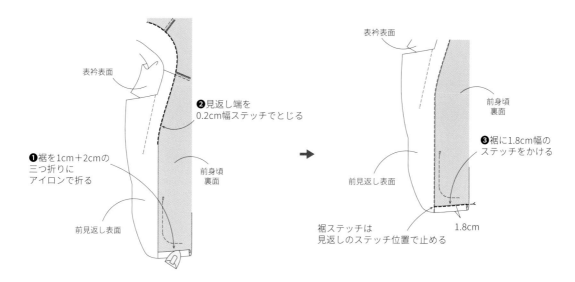

表衿表面

❷見返し端を
0.2cm幅ステッチでとじる

❶裾を1cm＋2cmの
三つ折りに
アイロンで折る

前身頃
裏面

前見返し表面

表衿表面

前身頃
裏面

❸裾に1.8cm幅の
ステッチをかける

前見返し表面

裾ステッチは
見返しのステッチ位置で止める

1.8cm

⑦袖をつくって袖つけをする

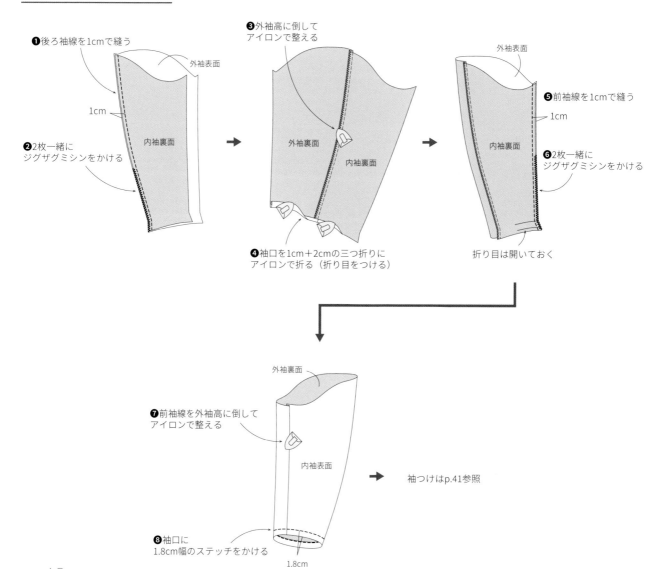

❶後ろ袖線を1cmで縫う

外袖表面

1cm

❷2枚一緒に
ジグザグミシンをかける

内袖裏面

❸外袖高に倒して
アイロンで整える

外袖裏面

内袖裏面

❹袖口を1cm＋2cmの三つ折りに
アイロンで折る（折り目をつける）

外袖表面

❺前袖線を1cmで縫う

1cm

内袖裏面

❻2枚一緒に
ジグザグミシンをかける

折り目は開いておく

外袖裏面

❼前袖線を外袖高に倒して
アイロンで整える

内袖表面

❽袖口に
1.8cm幅のステッチをかける

1.8cm

袖つけはp.41参照

48

E バンドカラーシャツワンピース

photo p.8
実物大パターン 2裏
袋布のパターンは 1表

仕上りサイズ　左から size1 / size2

着丈　112 / 115cm
バスト　136.5 / 142.5cm
裾回り　182 / 188cm
肩幅　62 / 64cm
ゆき丈　80.5 / 83.5cm
袖口（ゴム上り）　23 / 25cm

材料

表地：コットン　105cm幅
460cm（size1）/ 470cm（size2）
（「コットンパピエ」　CHECK&STRIPE）
接着芯（90cm幅）　35cm
伸び止めテープ（1cm幅ハーフバイアス）　50cm
伸び止めテープ（1cm幅ストレート）　190cm
ボタン（直径1.5cm）　10個
ゴムテープ（3.5cm幅）　60cm

つくり方順序

※接着芯と伸び止めテープをはる
（p.30〜31参照）

①胸ポケットをつける
②前立てをつける
③裾始末をする（p.41-⑩参照）
④肩ヨークを縫う
⑤袖をつける
⑥脇ポケットをつくる（p.31参照）
⑦脇線〜袖下と脇スリットを縫う
⑧衿をつける（p.71-⑥-❺〜⓯参照）
⑨袖口カフスをつける
⑩ボタンホール＆ボタンつけ（p.32参照）

裁合せ図

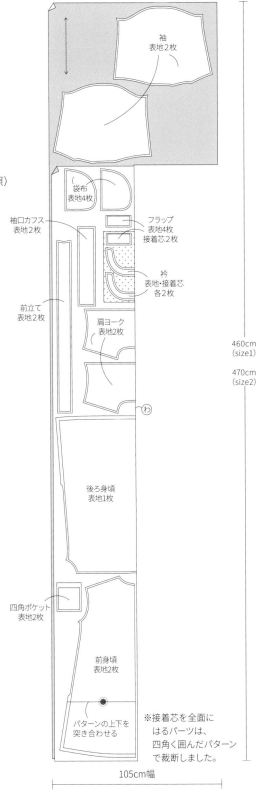

◎伸び止めテープをはる位置

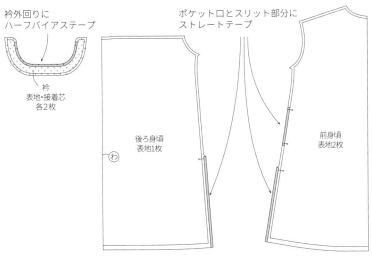

つくり方

①胸ポケットをつける

❶ 四角ポケットはp.44を参照してつくる
（ポケット口は1.5cm+1.5cmの三つ折りにする）

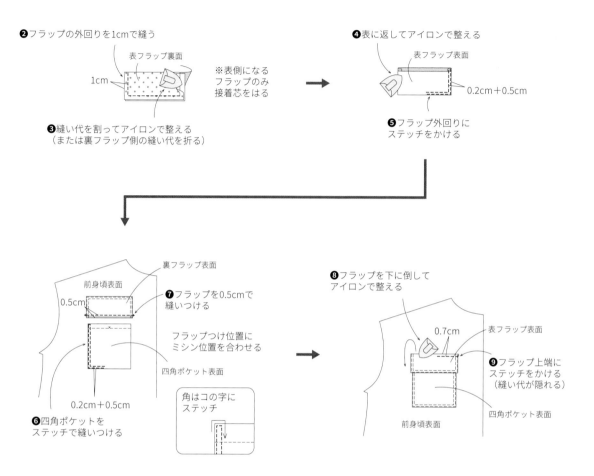

❷ フラップの外回りを1cmで縫う

表フラップ裏面

1cm

※表側になる
フラップのみ
接着芯をはる

❸ 縫い代を割ってアイロンで整える
（または裏フラップ側の縫い代を折る）

❹ 表に返してアイロンで整える

表フラップ表面

0.2cm+0.5cm

❺ フラップ外回りに
ステッチをかける

裏フラップ表面

前身頃表面

0.5cm

❼ フラップを0.5cmで
縫いつける

フラップつけ位置に
ミシン位置を合わせる

四角ポケット表面

0.2cm+0.5cm

❻ 四角ポケットを
ステッチで縫いつける

角はコの字に
ステッチ

❽ フラップを下に倒して
アイロンで整える

0.7cm

表フラップ表面

❾ フラップ上端に
ステッチをかける
（縫い代が隠れる）

四角ポケット表面

前身頃表面

②前立てをつける

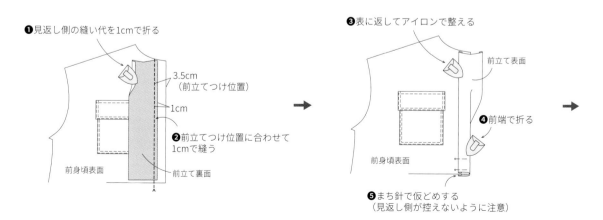

❶ 見返し側の縫い代を1cmで折る

3.5cm
（前立てつけ位置）

1cm

❷ 前立てつけ位置に合わせて
1cmで縫う

前身頃表面

前立て裏面

❸ 表に返してアイロンで整える

前立て表面

❹ 前端で折る

前身頃表面

❺ まち針で仮どめする
（見返し側が控えないように注意）

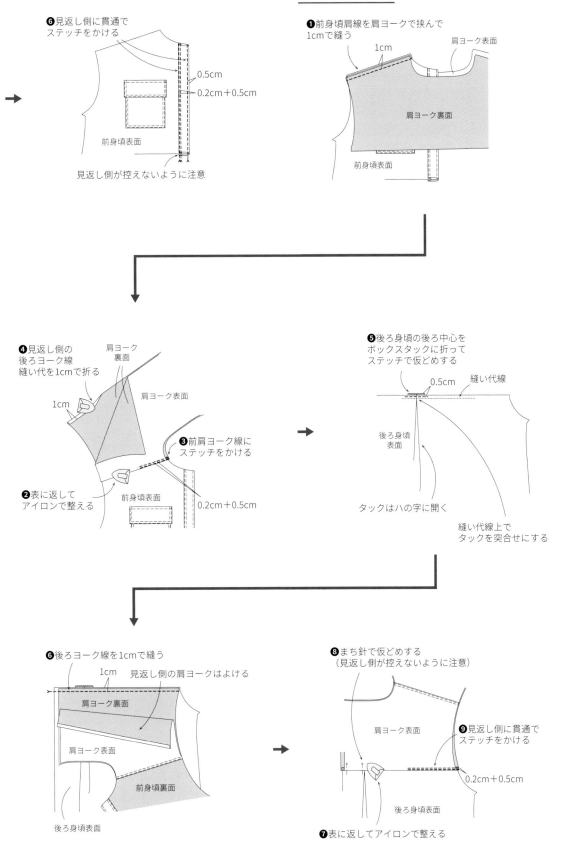

④肩ヨークを縫う

❻見返し側に貫通で
ステッチをかける

0.5cm

0.2cm＋0.5cm

前身頃表面

見返し側が控えないように注意

❶前身頃肩線を肩ヨークで挟んで
1cmで縫う

1cm

肩ヨーク表面

肩ヨーク裏面

前身頃表面

❹見返し側の
後ろヨーク線
縫い代を1cmで折る

肩ヨーク
裏面

肩ヨーク表面

1cm

❸前肩ヨーク線に
ステッチをかける

❷表に返して
アイロンで整える

前身頃表面

0.2cm＋0.5cm

❺後ろ身頃の後ろ中心を
ボックスタックに折って
ステッチで仮どめする

0.5cm

縫い代線

後ろ身頃
表面

タックはハの字に開く

縫い代線上で
タックを突合せにする

❻後ろヨーク線を1cmで縫う

1cm

見返し側の肩ヨークはよける

肩ヨーク裏面

肩ヨーク表面

前身頃裏面

後ろ身頃表面

❽まち針で仮どめする
（見返し側が控えないように注意）

肩ヨーク表面

❾見返し側に貫通で
ステッチをかける

0.2cm＋0.5cm

後ろ身頃表面

❼表に返してアイロンで整える

⑤袖をつける

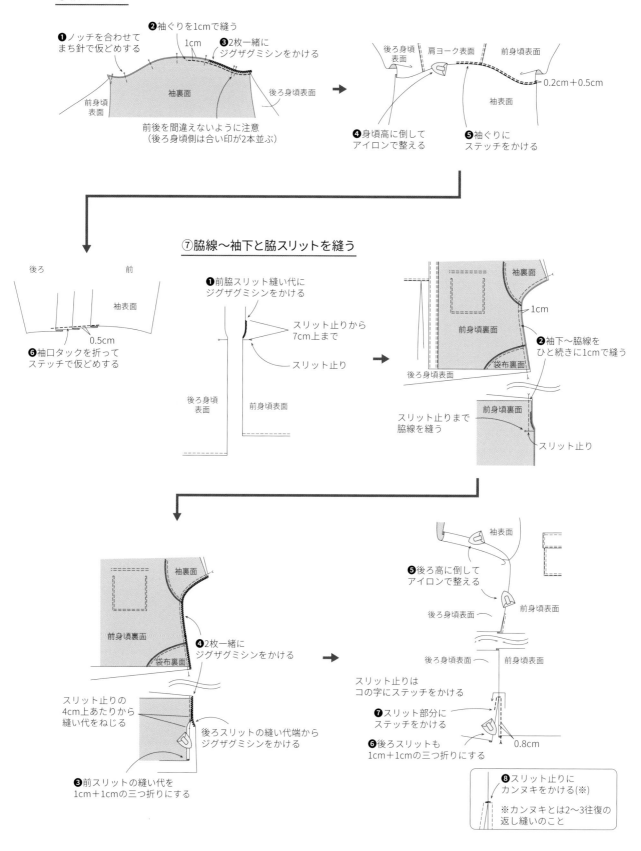

❶ノッチを合わせて
まち針で仮どめする

❷袖ぐりを1cmで縫う
1cm
❸2枚一緒に
ジグザグミシンをかける

前身頃表面　袖裏面　後ろ身頃表面

前後を間違えないように注意
(後ろ身頃側は合い印が2本並ぶ)

後ろ身頃表面　肩ヨーク表面　前身頃表面
袖表面　0.2cm+0.5cm

❹身頃高に倒して
アイロンで整える

❺袖ぐりに
ステッチをかける

⑦脇線〜袖下と脇スリットを縫う

後ろ　前
袖表面
0.5cm

❻袖口タックを折って
ステッチで仮どめする

❶前脇スリット縫い代に
ジグザグミシンをかける

スリット止りから
7cm上まで

スリット止り

後ろ身頃表面　前身頃表面

後ろ身頃表面　袖裏面
前身頃裏面　1cm
袋布裏面

❷袖下〜脇線を
ひと続きに1cmで縫う

スリット止りまで
脇線を縫う

前身頃裏面
スリット止り

袖裏面
前身頃裏面
袋布裏面

❹2枚一緒に
ジグザグミシンをかける

スリット止りの
4cm上あたりから
縫い代をねじる

後ろスリットの縫い代端から
ジグザグミシンをかける

❸前スリットの縫い代を
1cm+1cmの三つ折りにする

袖表面

❺後ろ高に倒して
アイロンで整える

後ろ身頃表面　前身頃表面

後ろ身頃表面　前身頃表面

スリット止りは
コの字にステッチをかける

❼スリット部分に
ステッチをかける

❻後ろスリットも
1cm+1cmの三つ折りにする

0.8cm

❽スリット止りに
カンヌキをかける(※)

※カンヌキとは2〜3往復の
返し縫いのこと

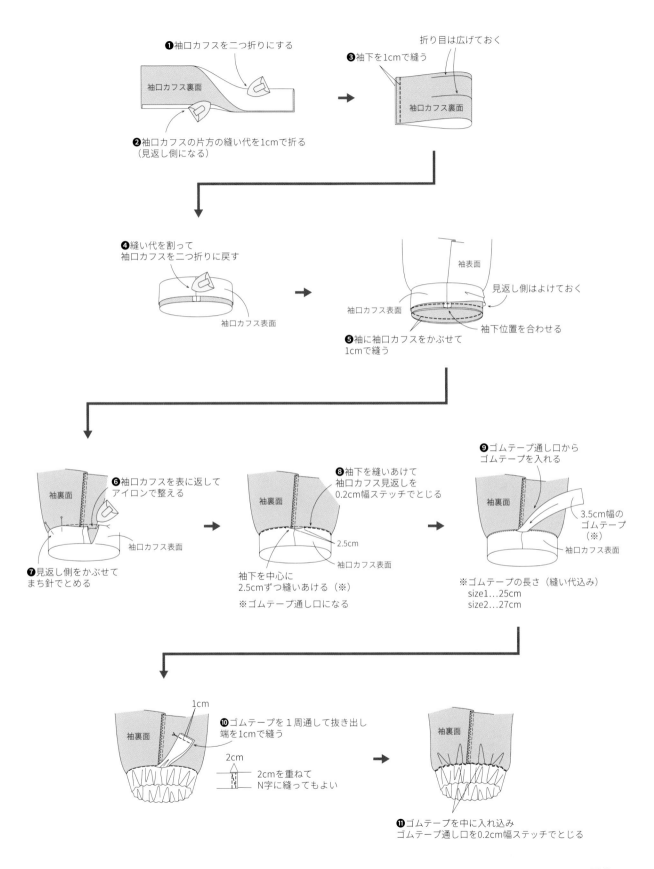

❶袖口カフスを二つ折りにする

袖口カフス裏面

❷袖口カフスの片方の縫い代を1cmで折る
（見返し側になる）

折り目は広げておく

❸袖下を1cmで縫う

袖口カフス裏面

❹縫い代を割って
袖口カフスを二つ折りに戻す

袖口カフス表面

袖表面

見返し側はよけておく

袖口カフス表面

袖下位置を合わせる

❺袖に袖口カフスをかぶせて
1cmで縫う

袖裏面

❻袖口カフスを表に返して
アイロンで整える

袖口カフス表面

❼見返し側をかぶせて
まち針でとめる

❽袖下を縫いあけて
袖口カフス見返しを
0.2cm幅ステッチでとじる

2.5cm

袖口カフス表面

袖下を中心に
2.5cmずつ縫いあける（※）

※ゴムテープ通し口になる

❾ゴムテープ通し口から
ゴムテープを入れる

袖裏面

3.5cm幅の
ゴムテープ
（※）

袖口カフス表面

※ゴムテープの長さ（縫い代込み）
　size1…25cm
　size2…27cm

1cm

袖裏面

❿ゴムテープを１周通して抜き出し
端を1cmで縫う

2cm

2cmを重ねて
N字に縫ってもよい

袖裏面

⓫ゴムテープを中に入れ込み
ゴムテープ通し口を0.2cm幅ステッチでとじる

F フロントタックスカート

photo p.8, p.10, p.20, p.21

実物大パターン 1表

仕上りサイズ　左から size1 / size2

スカート丈　86 / 88cm
ウエスト（ゴム上り）　67 / 73cm
ウエスト最大　100 / 106cm
裾回り　211 / 217cm

つくり方順序

※接着芯と伸び止めテープをはる（p.30〜31参照）

①前スカートタックを折る
②後ろ中心を縫う（p.44-②-❸❹❺参照）
③脇ポケットをつくる（p.31参照）
④ヨークを縫う
⑤裾を始末する（p.48-⑥-❶❸参照）

材料（p.8）

表地：コットン　105cm幅
300cm（size1）/ 325cm（size2）
（「コットンパピエ」　CHECK&STRIPE）
接着芯（90cm幅）　45cm
伸び止めテープ（1cm幅ハーフバイアス）　50cm
伸び止めテープ（1cm幅ストレート）　40cm
ゴムテープ（1.5cm幅）　55cm

材料（p.20）

表地：20Sチノストレッチ　138cm幅
240cm（size1）/ 245cm（size2）
（品番11437　ソールパーノ）
接着芯（90cm幅）　45cm
伸び止めテープ（1cm幅ハーフバイアス）　50cm
伸び止めテープ（1cm幅ストレート）　40cm
ゴムテープ（1.5cm幅）　55cm

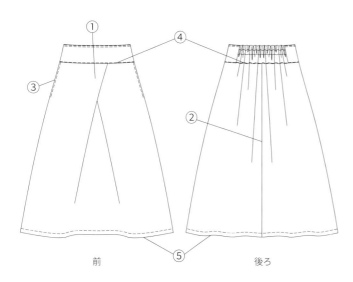

前　　　　後ろ

※前中心のタックは、どちらを上にしてもかまいません。

◎伸び止めテープをはる位置

前ヨークのウエストに
ハーフバイアステープ

前ヨーク
表地・接着芯
各2枚

ポケット口に
ストレートテープ

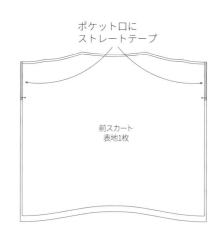

前スカート
表地1枚

裁合せ図（p.8）

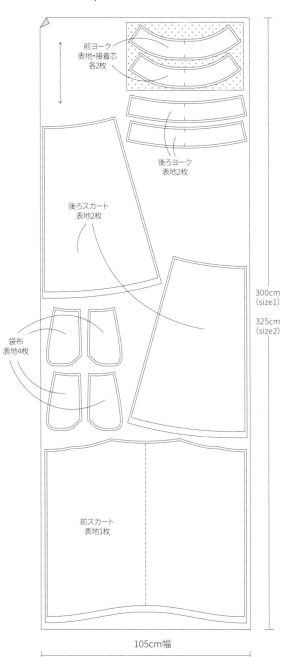

前ヨーク
表地・接着芯
各2枚

後ろヨーク
表地2枚

後ろスカート
表地2枚

袋布
表地4枚

300cm
（size1）

325cm
（size2）

前スカート
表地1枚

105cm幅

※接着芯を全面にはるパーツは、
　四角く囲んだパターンで裁断しました。

裁合せ図（p.20）

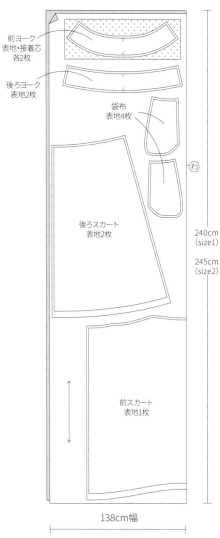

前ヨーク
表地・接着芯
各2枚

後ろヨーク
表地2枚

袋布
表地4枚

後ろスカート
表地2枚

わ

240cm
（size1）

245cm
（size2）

前スカート
表地1枚

138cm幅

※接着芯を全面にはるパーツは、
　四角く囲んだパターンで裁断しました。

つくり方

①前スカートタックを折る

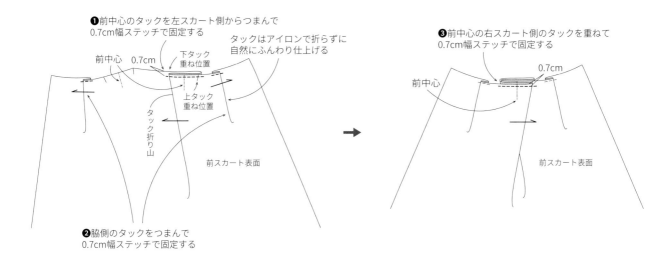

❶前中心のタックを左スカート側からつまんで
0.7cm幅ステッチで固定する

タックはアイロンで折らずに
自然にふんわり仕上げる

前中心　0.7cm　下タック重ね位置

上タック重ね位置

タック折り山

前スカート表面

❷脇側のタックをつまんで
0.7cm幅ステッチで固定する

❸前中心の右スカート側のタックを重ねて
0.7cm幅ステッチで固定する

0.7cm

前中心

前スカート表面

④ヨークを縫う

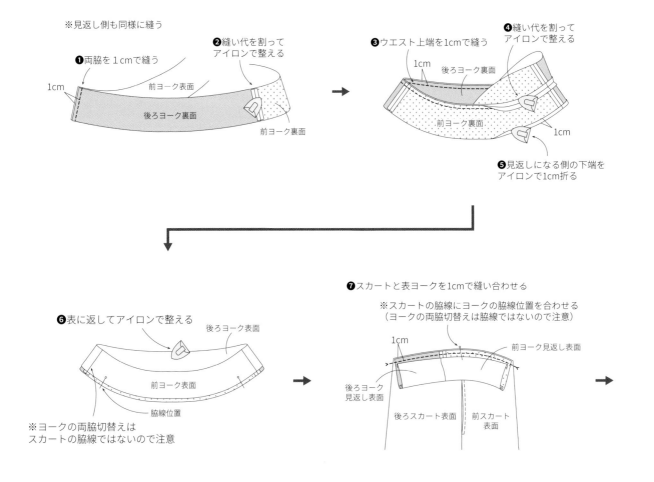

※見返し側も同様に縫う

❷縫い代を割って
アイロンで整える

❶両脇を1cmで縫う

1cm

前ヨーク表面

後ろヨーク裏面

前ヨーク裏面

❸ウエスト上端を1cmで縫う

❹縫い代を割って
アイロンで整える

1cm

後ろヨーク裏面

前ヨーク裏面

1cm

❺見返しになる側の下端を
アイロンで1cm折る

❻表に返してアイロンで整える

後ろヨーク表面

前ヨーク表面

脇線位置

※ヨークの両脇切替えは
スカートの脇線ではないので注意

❼スカートと表ヨークを1cmで縫い合わせる

※スカートの脇線にヨークの脇線位置を合わせる
（ヨークの両脇切替えは脇線ではないので注意）

1cm

前ヨーク見返し表面

後ろヨーク
見返し表面

後ろスカート表面

前スカート
表面

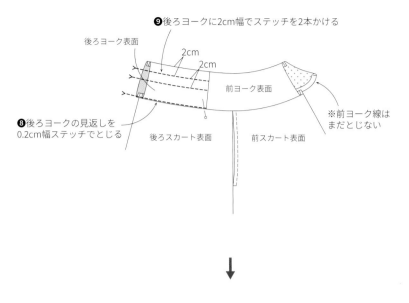

❾後ろヨークに2cm幅でステッチを2本かける

後ろヨーク表面

2cm
2cm

前ヨーク表面

※前ヨーク線は
まだとじない

❽後ろヨークの見返しを
0.2cm幅ステッチでとじる

後ろスカート表面　　前スカート表面

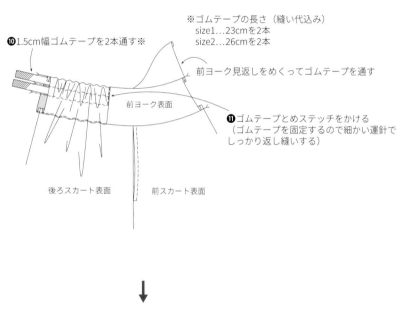

❿1.5cm幅ゴムテープを2本通す※

※ゴムテープの長さ（縫い代込み）
　size1…23cmを2本
　size2…26cmを2本

前ヨーク見返しをめくってゴムテープを通す

前ヨーク表面

⓫ゴムテープとめステッチをかける
（ゴムテープを固定するので細かい運針で
しっかり返し縫いする）

後ろスカート表面　　前スカート表面

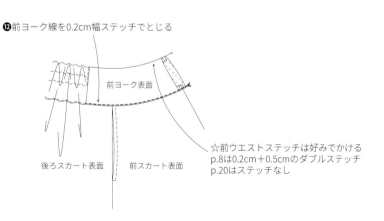

⓬前ヨーク線を0.2cm幅ステッチでとじる

前ヨーク表面

☆前ウエストステッチは好みでかける
p.8は0.2cm＋0.5cmのダブルステッチ
p.20はステッチなし

後ろスカート表面　　前スカート表面

G バックリボンワンピース

photo p.12

仕上りサイズ　フリーサイズ

着丈（設定）　110cm
バスト　183cm
裾回り　262cm
ゆき丈　42cm

材料

表地：リネン　110cm幅　480cm
（「天使のリネン」　CHECK&STRIPE）
伸び止めテープ（1cm幅ハーフバイアス）　170cm
伸び止めテープ（1cm幅ストレート）　40cm
リボン（2cm幅）　200cm

つくり方順序（p.65〜67参照）

※つくり方は「I バックリボン
ブラウス」と同じ

※ポケットの縫い方はp.31を
参照していちばん最初に縫う。

裁合せ図

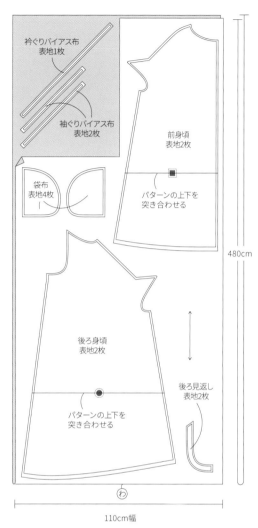

衿ぐりバイアス布
表地1枚

袖ぐりバイアス布
表地2枚

前身頃
表地2枚

パターンの上下を
突き合わせる

袋布
表地4枚

後ろ身頃
表地2枚

後ろ見返し
表地2枚

パターンの上下を
突き合わせる

480cm

（わ）

110cm幅

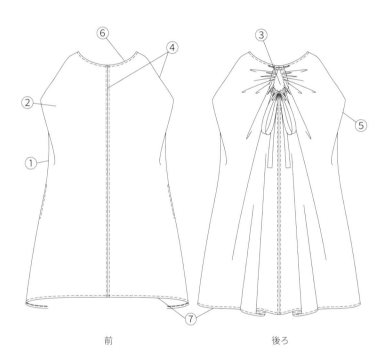

前

後ろ

◎伸び止めテープをはる位置

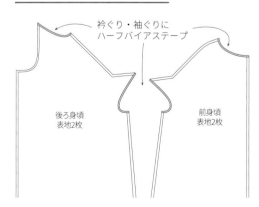

衿ぐり・袖ぐりに
ハーフバイアステープ

後ろ身頃
表地2枚

前身頃
表地2枚

◎「I バックリボンブラウス」から「G バックリボンワンピース」へのパターンアレンジ

☆Gの実物大パターンも入っていますが、Iのパターンからアレンジしてパターンをつくることも可能です。ぜひ、チャレンジしてみてください。

☆ワンピースは設定着丈を110cmにしました。

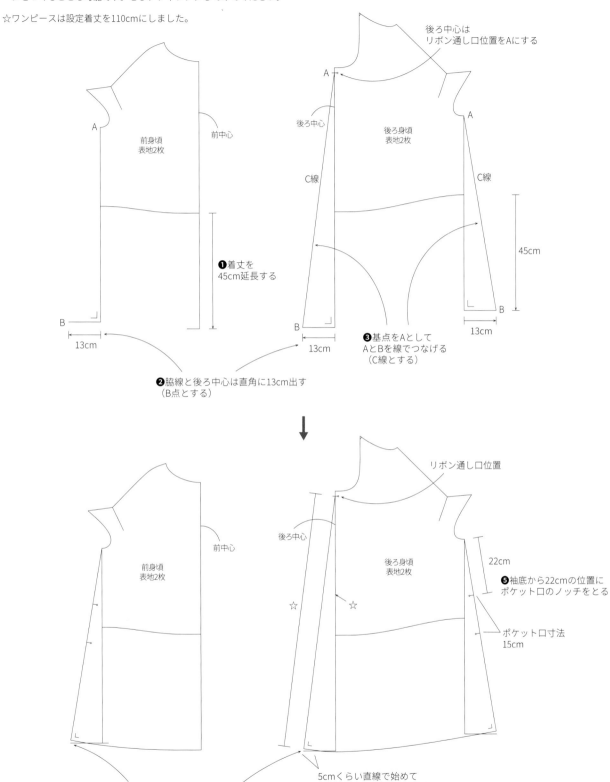

後ろ中心は
リボン通し口位置をAにする

前身頃
表地2枚

前中心

A

B

13cm

❶着丈を
45cm延長する

後ろ中心

後ろ身頃
表地2枚

C線

A

C線

45cm

B

13cm

❸基点をAとして
AとBを線でつなげる
（C線とする）

❷脇線と後ろ中心は直角に13cm出す
（B点とする）

前身頃
表地2枚

前中心

❹元の脇線・後ろ中心線の寸法(☆)をC線にとり
そこから直角に裾線を書き始める
※縫い代のつけ方・幅はブラウスと同じ。

リボン通し口位置

後ろ中心

後ろ身頃
表地2枚

22cm

❺袖底から22cmの位置に
ポケット口のノッチをとる

ポケット口寸法
15cm

5cmくらい直線で始めて
その先はカーブでつなげる

H ワイドストレートパンツ

photo p.12, p.14, p.18, p.22

実物大パターン 2表
丸ポケット大のパターンは 1裏

仕上りサイズ　左から size1 / size2

ウエスト（ゴム上り）　72 / 78cm
ウエスト最大　98 / 104cm
ヒップ　111 / 117cm
股下丈　64 / 67cm
パンツ丈　96.5 / 100.5cm
裾回り　47 / 49cm

つくり方順序

※接着芯と伸び止めテープをはる
（p.30〜31参照）

①後ろポケットをつける
②脇ポケットと前パンツタックを縫う
③脇線を縫う
④股下線と股ぐりを縫う
※サロペットの場合はここで
　身頃をつくります
⑤ウエストを縫う
⑥ウエストにゴムテープを通す
⑦裾を始末する（p.48-⑥-❶❸参照）

材料（p.12）

表地：リネン　110cm幅
260cm（size1） / 265cm（size2）
（「天使のリネン」　CHECK&STRIPE）
接着芯（90cm幅）　40cm
伸び止めテープ（1cm幅ストレート）　50cm
伸び止めテープ（1cm幅ハーフバイアス）　40cm
ゴムテープ（3.5cm幅）　50cm

材料（p.14）

表地：先染タイプライターチェックワッシャー　114cm幅
250cm（size1） / 255cm（size2）
（品番「15531」　ソールパーノ）
接着芯（90cm幅）　40cm
伸び止めテープ（1cm幅ストレート）　50cm
伸び止めテープ（1cm幅ハーフバイアス）　40cm
ゴムテープ（3.5cm幅）　50cm

材料（p.18）

表地：コットン　110cm幅
260cm（size1） / 265cm（size2）
（「ジュニパー・タナローン」　リバティジャパン）
接着芯（90cm幅）　40cm
伸び止めテープ（1cm幅ストレート）　50cm
伸び止めテープ（1cm幅ハーフバイアス）　40cm
ゴムテープ（3.5cm幅）　50cm

材料（p.22）

表地：リネンウール　110cm幅
260cm（size1） / 265cm（size2）
（「リネンウールリンレイヌ」　CHECK&STRIPE）
接着芯（90cm幅）　40cm
伸び止めテープ（1cm幅ストレート）　50cm
伸び止めテープ（1cm幅ハーフバイアス）　40cm
ゴムテープ（3.5cm幅）　50cm

◎伸び止めテープをはる位置

脇ポケット口に
ストレートテープをはる

前パンツ
表地2枚

前ウエスト見返し上端に
ハーフバイアステープ

前ウエスト
見返し
表地・接着芯
各1枚

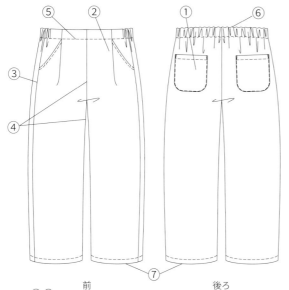

前

後ろ

☆サロペットの場合　※表身頃1枚だけにはる
（見返し側にははらない）

衿ぐりと袖ぐりに
ハーフバイアステープ

後ろ身頃
表地2枚

前身頃
表地4枚

裁合せ図（p.14）

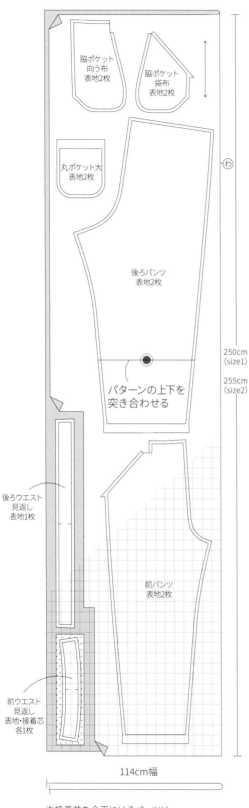

脇ポケット
向う布
表地2枚

脇ポケット
袋布
表地2枚

丸ポケット大
表地2枚

後ろパンツ
表地2枚

250cm
（size1）

255cm
（size2）

パターンの上下を
突き合わせる

（わ）

後ろウエスト
見返し
表地1枚

前パンツ
表地2枚

前ウエスト
見返し
表地・接着芯
各1枚

114cm幅

※接着芯を全面にはるパーツは、
　四角く囲んだパターンで裁断しました。

裁合せ図（p.12・p.18・p.22共通）

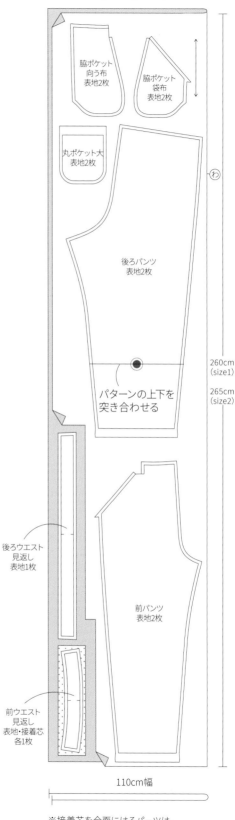

脇ポケット
向う布
表地2枚

脇ポケット
袋布
表地2枚

丸ポケット大
表地2枚

後ろパンツ
表地2枚

260cm
（size1）

265cm
（size2）

パターンの上下を
突き合わせる

（わ）

後ろウエスト
見返し
表地1枚

前パンツ
表地2枚

前ウエスト
見返し
表地・接着芯
各1枚

110cm幅

※接着芯を全面にはるパーツは、
　四角く囲んだパターンで裁断しました。

つくり方

①後ろポケットをつける

後ろポケットはp.44を参照にしてつくる

周囲を0.2cm幅ステッチで縫いつける

角は三角にステッチ

後ろパンツ表面

②脇ポケットと前パンツタックを縫う

※前パンツのタック位置はこの後の工程で必要になるので必ず印をつけておく

❶脇ポケット口を1cmで縫う

1cm

袋布裏面

前パンツ表面

※ポケット口のステッチはタック線から1cm内側で止める（袋布端までステッチをかけると次の工程が縫えなくなるので注意）

❸ポケット口に0.7cm幅のステッチをかける

0.7cm

1cm

袋布表面

❷ポケット口を表に返してアイロンで整える

前パンツ裏面

※ポケット口ステッチを端までかけていないので袋布周囲が縫える

袋布表面

❹袋布周囲を1cmで縫う

向う布裏面

1cm

前パンツ裏面

❺2枚一緒にジグザグミシンをかける

❻タック線を重ね合わせてタック止り位置まで縫い合わせる

向う布表面

❼0.5cm幅ステッチで袋布を仮どめする

前パンツ表面

前パンツ裏面

❽タックを中心高に倒してアイロンで整える

向う布表面

前パンツ表面

※タック止りから下はアイロンで折らずに自然にふんわり仕上げる

❹ポケット口両端にカンヌキをかける

縫い目に平行にカンヌキをかける(※)

脇線側も同様にかける

※カンヌキとは2〜3往復の返し縫いのこと

③脇線を縫う

❶脇線を1cmで縫う

1cm

向う布裏面

後ろパンツ表面

❷2枚一緒にジグザグミシンをかける

前パンツ裏面

❸後ろ高に倒してアイロンで整える

前パンツ表面

後ろパンツ表面

前パンツ表面

後ろパンツ表面

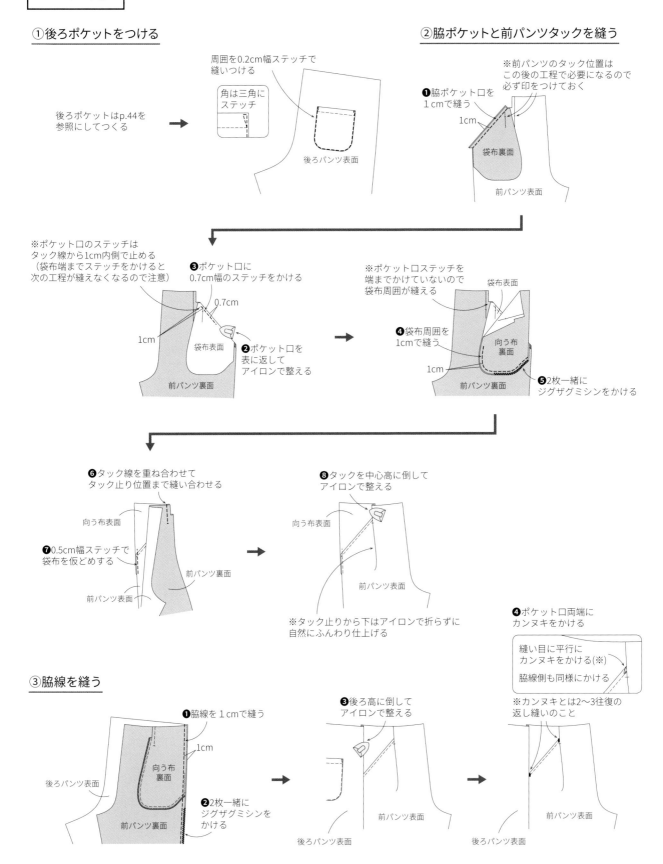

④股下線と股ぐりを縫う

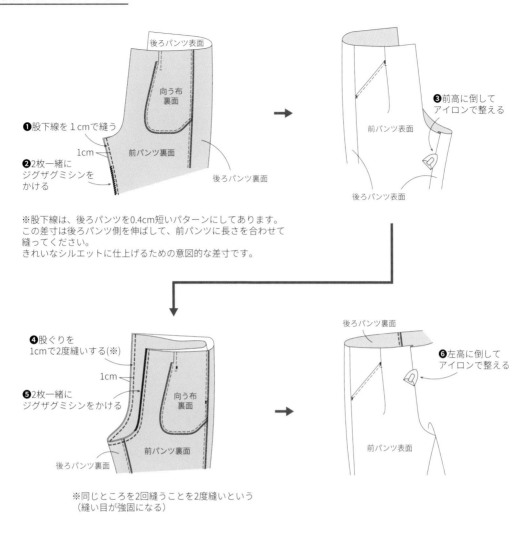

❶股下線を1cmで縫う

1cm

❷2枚一緒に
ジグザグミシンを
かける

後ろパンツ表面

後ろパンツ裏面

向う布
裏面

前パンツ裏面

後ろパンツ裏面

❸前高に倒して
アイロンで整える

前パンツ表面

後ろパンツ表面

※股下線は、後ろパンツを0.4cm短いパターンにしてあります。
この差寸は後ろパンツ側を伸ばして、前パンツに長さを合わせて
縫ってください。
きれいなシルエットに仕上げるための意図的な差寸です。

❹股ぐりを
1cmで2度縫いする(※)

1cm

❺2枚一緒に
ジグザグミシンをかける

向う布
裏面

前パンツ裏面

後ろパンツ裏面

※同じところを2回縫うことを2度縫いという
(縫い目が強固になる)

後ろパンツ裏面

❻左高に倒して
アイロンで整える

前パンツ表面

サロペットの身頃をつくる(パンツの場合は⑤にすすむ)

❶肩線を1cmで縫う

1cm

❷縫い代を割って
アイロンで整える

前身頃
裏面

後ろ身頃表面

前身頃表面

※見返し側も同仕様でつくる

❸衿ぐりと袖ぐりを1cmで縫う

1cm

後ろ身頃
裏面

前身頃裏面

❹カーブ部分に
切込みを入れる

❺縫い代を割る

❻表に返してアイロンで整える

❼衿ぐりと袖ぐりに
0.7cm幅ステッチをかける

後ろ身頃表面
(見返し側)

0.7cm

前身頃表面

前中心

❽右身頃を上にして前中心を重ね合わせて
0.7cm幅ステッチで固定する

⑤ウエストを縫う

❶見返しの両脇を1cmで縫う

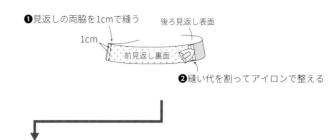

1cm

後ろ見返し表面

前見返し裏面

❷縫い代を割ってアイロンで整える

❸ウエスト上端を1cmで縫う
※パンツの脇線に見返しの脇線位置を合わせる
（見返しの両脇は脇線ではないので注意）

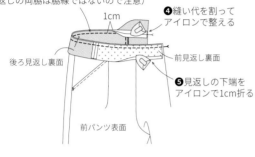

1cm

❹縫い代を割って
アイロンで整える

後ろ見返し裏面

前見返し裏面

❺見返しの下端を
アイロンで1cm折る

前パンツ表面

※サロペットは、見返しとパンツの間に身頃を挟む

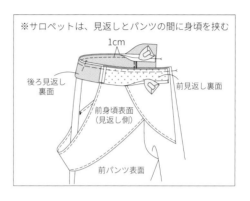

1cm

後ろ見返し
裏面

前見返し裏面

前身頃表面
（見返し側）

前パンツ表面

❻表に返して
アイロンで整える

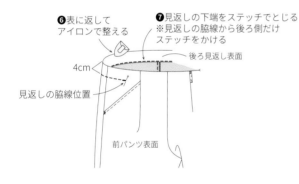

4cm

見返しの脇線位置

前パンツ表面

❼見返しの下端をステッチでとじる
※見返しの脇線から後ろ側だけ
ステッチをかける

後ろ見返し表面

※サロペットの場合

身頃も表に返して
アイロンで整える

前身頃表面

⑥ウエストにゴムテープを通す

❶前見返しをめくって
後ろウエストに向かってゴムテープを通す

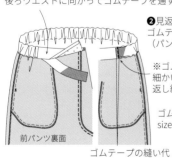

前パンツ裏面

ゴムテープの縫い代
1cm

❷見返しの脇線で
ゴムテープとめステッチをかける
（パンツまで貫通させる）

※ゴムテープを固定するので
細かい運針でしっかり
返し縫いする

ゴムテープの長さ（縫い代込み）
size1…43cm　size2…46cm

❸前見返し下端を
ステッチでとじる

❹前ウエスト上端に
0.7cm幅ステッチをかける

前パンツ裏面　4cm

0.7cm

※サロペットの仕上り

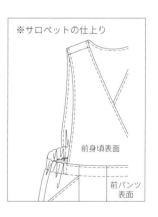

前身頃表面

前パンツ
表面

┃ バックリボンブラウス

photo p.14　実物大パターン 1裏

仕上りサイズ　フリーサイズ

着丈　65cm
バスト　183cm
裾回り　184.5cm
ゆき丈　42cm

材料

表地：先染タイプライターチェックワッシャー
114cm幅　220cm
（品番「15531」 ソールパーノ）
伸び止めテープ
（1cm幅ハーフバイアス）　170cm
リボン（2cm幅）　200cm

つくり方順序

※接着芯と伸び止めテープを
はる（p.30〜31参照）

①脇線を縫う
②袖ぐりを始末する
③後ろ中心を縫う
④前中心と肩線を縫う
⑤袖口を内側に折り込む
⑥衿ぐりを始末する
⑦裾始末をする（p.41参照）

裁合せ図

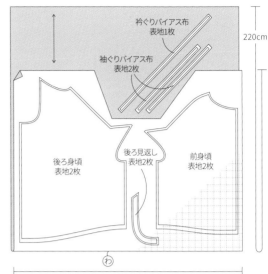

衿ぐりバイアス布
表地1枚

袖ぐりバイアス布
表地2枚

220cm

後ろ身頃
表地2枚

後ろ見返し
表地2枚

前身頃
表地2枚

わ

114cm幅

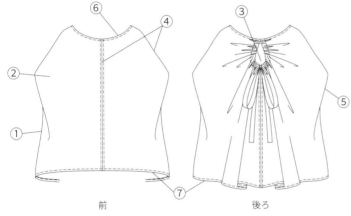

前　　　後ろ

◎伸び止めテープをはる位置

衿ぐり・袖ぐりに
ハーフバイアステープ

後ろ身頃
表地2枚

前身頃
表地2枚

つくり方

①脇線を縫う

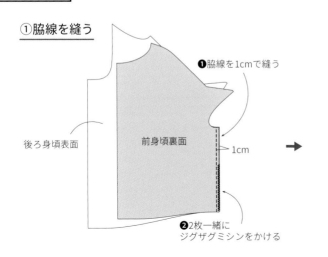

❶脇線を1cmで縫う

後ろ身頃表面

前身頃裏面

1cm

❷2枚一緒に
ジグザグミシンをかける

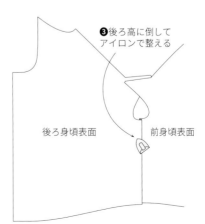

❸後ろ高に倒して
アイロンで整える

後ろ身頃表面

前身頃表面

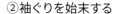

②袖ぐりを始末する

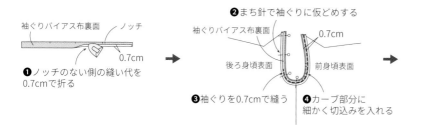

袖ぐりバイアス布裏面　　ノッチ

0.7cm

❶ノッチのない側の縫い代を
0.7cmで折る

❷まち針で袖ぐりに仮どめする

袖ぐりバイアス布裏面　　0.7cm

後ろ身頃表面　　前身頃表面

❸袖ぐりを0.7cmで縫う

❹カーブ部分に
細かく切込みを入れる

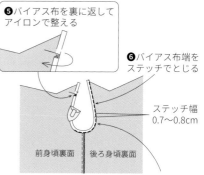

❺バイアス布を裏に返して
アイロンで整える

❻バイアス布端を
ステッチでとじる

ステッチ幅
0.7〜0.8cm

前身頃裏面　　後ろ身頃裏面

※バイアス布の外回りを伸ばして
アイロンでカーブになじませてから
ステッチをかける

③後ろ中心を縫う

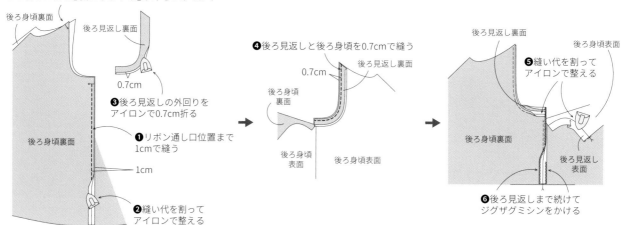

※後ろ中心位置は
この後の工程で必要になるので必ず印をつけておく

後ろ身頃裏面

後ろ見返し裏面

0.7cm

❸後ろ見返しの外回りを
アイロンで0.7cm折る

❶リボン通し口位置まで
1cmで縫う

1cm

後ろ身頃裏面

❷縫い代を割って
アイロンで整える

❹後ろ見返しと後ろ身頃を0.7cmで縫う

0.7cm　　後ろ見返し裏面

後ろ身頃
裏面

後ろ身頃
表面　　後ろ身頃表面

後ろ見返し裏面　　後ろ身頃表面

❺縫い代を割って
アイロンで整える

後ろ身頃裏面

後ろ見返し
表面

❻後ろ見返しまで続けて
ジグザグミシンをかける

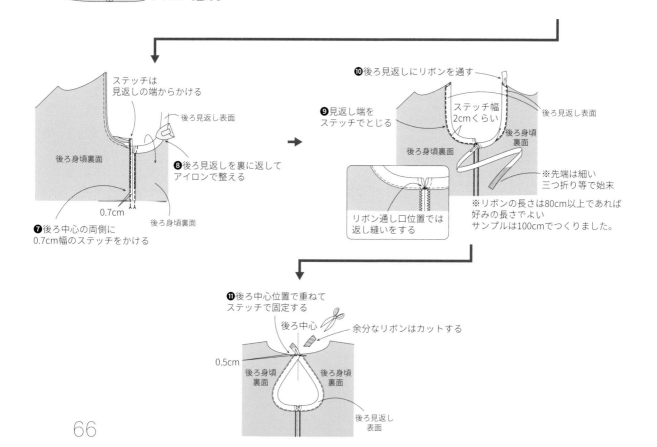

ステッチは
見返しの端からかける

後ろ見返し表面

後ろ身頃裏面

❽後ろ見返しを裏に返して
アイロンで整える

0.7cm

後ろ身頃裏面

❼後ろ中心の両側に
0.7cm幅のステッチをかける

❿後ろ見返しにリボンを通す

❾見返し端を
ステッチでとじる

ステッチ幅
2cmくらい

後ろ見返し表面

後ろ身頃裏面

後ろ身頃裏面

リボン通し口位置では
返し縫いをする

※先端は細い
三つ折り等で始末

※リボンの長さは80cm以上であれば
好みの長さでよい
サンプルは100cmでつくりました。

⓫後ろ中心位置で重ねて
ステッチで固定する

後ろ中心　　余分なリボンはカットする

0.5cm

後ろ身頃
裏面　　後ろ身頃
裏面

後ろ見返し
表面

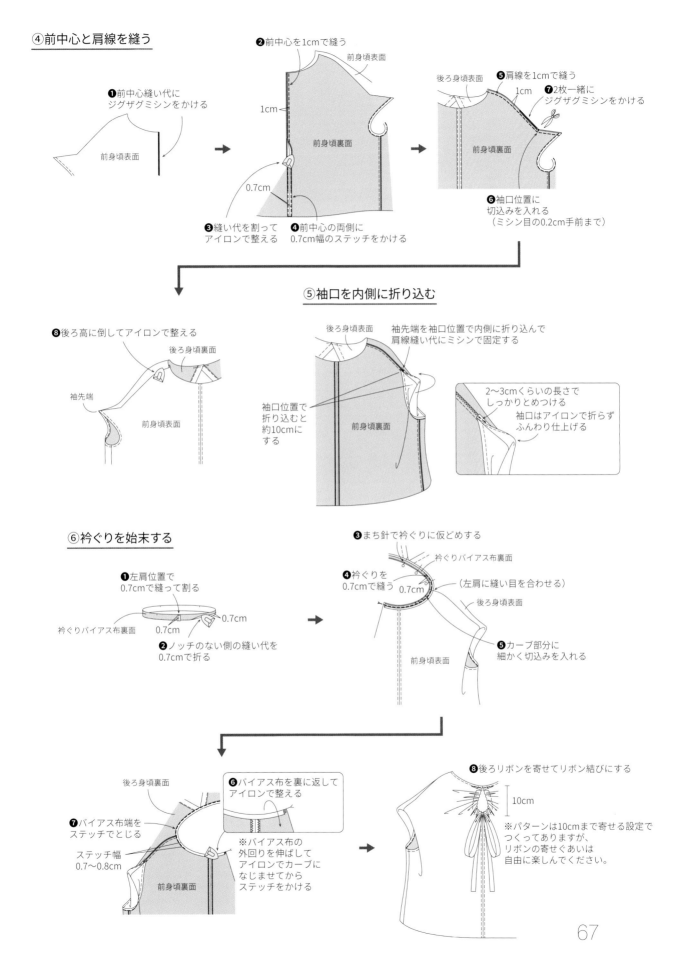

④前中心と肩線を縫う

❶前中心縫い代に
ジグザグミシンをかける

前身頃表面

❷前中心を1cmで縫う

前身頃表面

1cm

前身頃裏面

0.7cm

❸縫い代を割って
アイロンで整える

❹前中心の両側に
0.7cm幅のステッチをかける

❺肩線を1cmで縫う

後ろ身頃表面

1cm

❼2枚一緒に
ジグザグミシンをかける

前身頃裏面

❻袖口位置に
切込みを入れる
（ミシン目の0.2cm手前まで）

⑤袖口を内側に折り込む

❽後ろ高に倒してアイロンで整える

後ろ身頃裏面

袖先端

前身頃表面

後ろ身頃表面

袖先端を袖口位置で内側に折り込んで
肩線縫い代にミシンで固定する

袖口位置で
折り込むと
約10cmに
する

前身頃裏面

2～3cmくらいの長さで
しっかりとめつける

袖口はアイロンで折らず
ふんわり仕上げる

⑥衿ぐりを始末する

❶左肩位置で
0.7cmで縫って割る

衿ぐりバイアス布裏面

0.7cm

0.7cm

❷ノッチのない側の縫い代を
0.7cmで折る

❸まち針で衿ぐりに仮どめする

衿ぐりバイアス布裏面

❹衿ぐりを
0.7cmで縫う

0.7cm

（左肩に縫い目を合わせる）

後ろ身頃表面

前身頃表面

❺カーブ部分に
細かく切込みを入れる

後ろ身頃裏面

❻バイアス布を裏に返して
アイロンで整える

❼バイアス布端を
ステッチでとじる

ステッチ幅
0.7～0.8cm

前身頃裏面

※バイアス布の
外回りを伸ばして
アイロンでカーブに
なじませてから
ステッチをかける

❽後ろリボンを寄せてリボン結びにする

10cm

※パターンは10cmまで寄せる設定で
つくってありますが、
リボンの寄せぐあいは
自由に楽しんでください。

J ヨークスリーブシャツ

photo p.16, p.18

仕上りサイズ　左から size1 / size2

着丈　74 / 76cm
バスト　147 / 153cm
裾回り　148 / 154cm
ゆき丈　80 / 83cm
袖口　24 / 26cm

つくり方順序

※接着芯をはる（p.30参照）

①袖ぐりを縫う
②前ヨーク線と肩ヨークの後ろ中心を縫う
③後ろヨーク線～袖口スリットを縫う
④脇線～袖下を縫う
⑤前端と裾を始末する
⑥衿をつける
⑦袖口を始末する
⑧ボタンホール＆ボタンつけ（p.32参照）

材料（p.16）

表地：コットン　110cm幅
290cm（size1）/ 300cm（size2）
（「ナチュラルコットンHOLIDAY」
CHECK&STRIPE）
接着芯（90cm幅）　60cm
ボタン（直径1.15cm）　9個

材料（p.18）

表地：コットン　110cm幅
290cm（size1）/ 300cm（size2）
（「ジュニパー・タナローン」
リバティジャパン）
接着芯（90cm幅）　60cm
ボタン（直径1.15cm）　9個

裁合せ図（p.16・p.18共通）

後ろ身頃
表地1枚

上衿
表地・接着芯
各2枚

台衿
表地・接着芯
各2枚

後ろ袖
表地2枚

前袖
表地2枚

袖口カフス
表地・接着芯
各4枚

肩ヨーク
表地2枚

前身頃
表地2枚

290cm
（size1）

300cm
（size2）

わ

110cm幅

※接着芯を全面にはるパーツは、
　四角く囲んだパターンで裁断しました。

前

後ろ

つくり方

①袖ぐりを縫う

（前袖ぐり・後ろ袖ぐり共通）

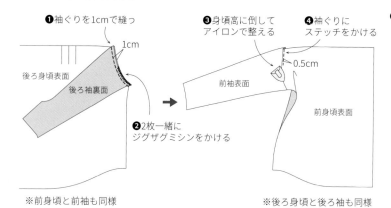

❶袖ぐりを1cmで縫う
1cm
後ろ身頃表面
後ろ袖裏面
❷2枚一緒に
ジグザグミシンをかける

❸身頃高に倒して
アイロンで整える
❹袖ぐりに
ステッチをかける
0.5cm
前袖表面
前身頃表面

※前身頃と前袖も同様
※後ろ身頃と後ろ袖も同様

②前ヨーク線と肩ヨークの後ろ中心を縫う

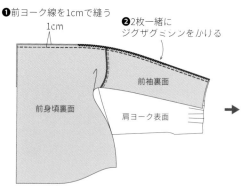

❶前ヨーク線を1cmで縫う
1cm
❷2枚一緒に
ジグザグミシンをかける
前身頃裏面
前袖裏面
肩ヨーク表面

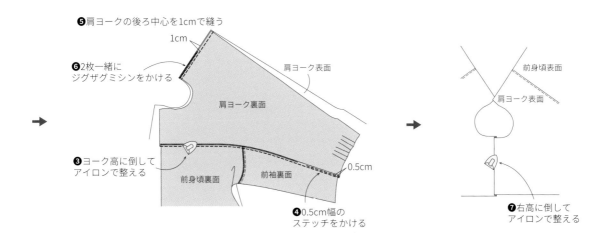

❺肩ヨークの後ろ中心を1cmで縫う

1cm

❻2枚一緒に
ジグザグミシンをかける

肩ヨーク表面

肩ヨーク裏面

前身頃表面

肩ヨーク表面

❸ヨーク高に倒して
アイロンで整える

前身頃裏面

前袖裏面

0.5cm

❹0.5cm幅の
ステッチをかける

❼右高に倒して
アイロンで整える

③後ろヨーク線～袖口スリットを縫う

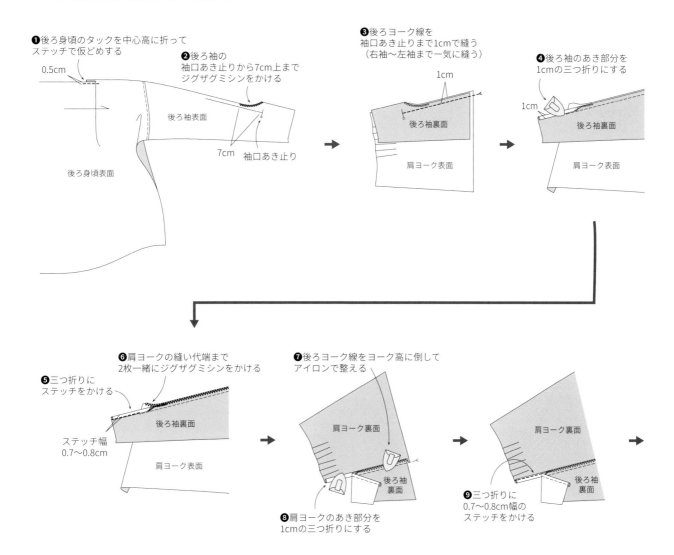

❶後ろ身頃のタックを中心高に折って
ステッチで仮どめする

0.5cm

後ろ身頃表面

❷後ろ袖の
袖口あき止りから7cm上まで
ジグザグミシンをかける

後ろ袖表面

7cm　袖口あき止り

❸後ろヨーク線を
袖口あき止りまで1cmで縫う
（右袖～左袖まで一気に縫う）

1cm

後ろ袖裏面

肩ヨーク表面

❹後ろ袖のあき部分を
1cmの三つ折りにする

1cm

後ろ袖裏面

肩ヨーク表面

❺三つ折りに
ステッチをかける

ステッチ幅
0.7～0.8cm

❻肩ヨークの縫い代端まで
2枚一緒にジグザグミシンをかける

後ろ袖裏面

肩ヨーク表面

❼後ろヨーク線をヨーク高に倒して
アイロンで整える

肩ヨーク裏面

後ろ袖
裏面

❽肩ヨークのあき部分を
1cmの三つ折りにする

肩ヨーク裏面

後ろ袖
裏面

❾三つ折りに
0.7～0.8cm幅の
ステッチをかける

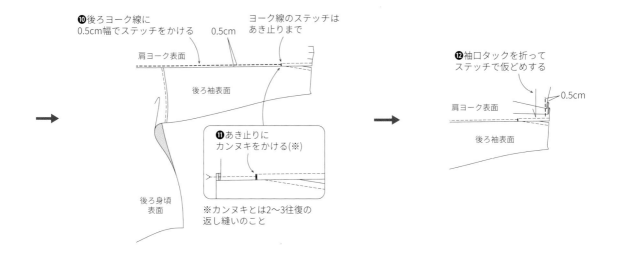

❿後ろヨーク線に
0.5cm幅でステッチをかける

0.5cm

ヨーク線のステッチは
あき止りまで

肩ヨーク表面

後ろ袖表面

後ろ身頃
表面

⓫あき止りに
カンヌキをかける(※)

※カンヌキとは2～3往復の
返し縫いのこと

⓬袖口タックを折って
ステッチで仮どめする

0.5cm

肩ヨーク表面

後ろ袖表面

④脇線～袖下を縫う

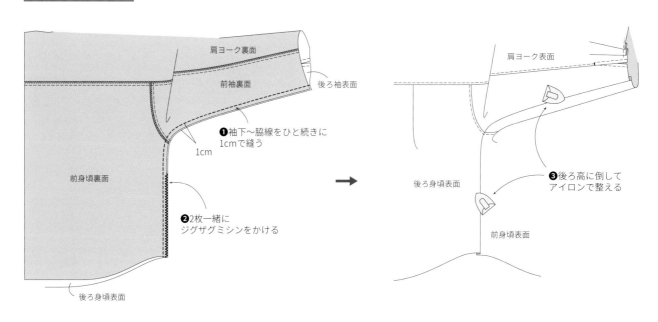

肩ヨーク裏面

前袖裏面

後ろ袖表面

❶袖下～脇線をひと続きに
1cmで縫う

1cm

前身頃裏面

❷2枚一緒に
ジグザグミシンをかける

後ろ身頃表面

肩ヨーク表面

後ろ身頃表面

❸後ろ高に倒して
アイロンで整える

前身頃表面

⑤前端と裾を始末する

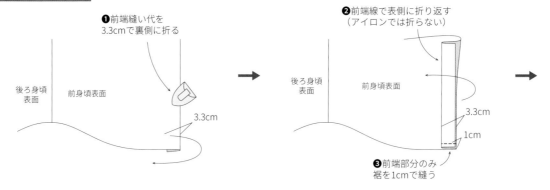

❶前端縫い代を
3.3cmで裏側に折る

後ろ身頃
表面

前身頃表面

3.3cm

❷前端線で表側に折り返す
（アイロンでは折らない）

後ろ身頃
表面

前身頃表面

3.3cm

1cm

❸前端部分のみ
裾を1cmで縫う

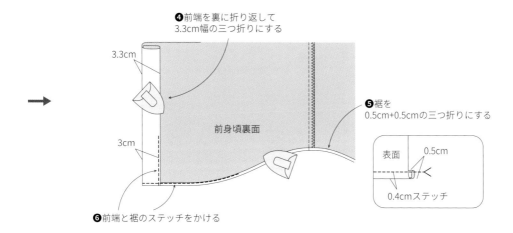

❹前端を裏に折り返して
3.3cm幅の三つ折りにする

3.3cm

前身頃裏面

3cm

❺裾を
0.5cm+0.5cmの三つ折りにする

表面　0.5cm

0.4cmステッチ

❻前端と裾のステッチをかける

⑥衿をつける

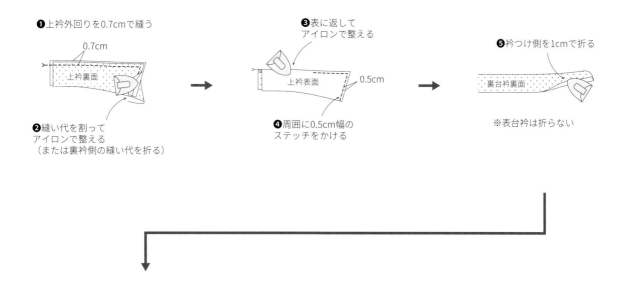

❶上衿外回りを0.7cmで縫う

0.7cm

上衿裏面

❷縫い代を割って
アイロンで整える
（または裏衿側の縫い代を折る）

❸表に返して
アイロンで整える

上衿表面　0.5cm

❹周囲に0.5cm幅の
ステッチをかける

❺衿つけ側を1cmで折る

裏台衿裏面

※表台衿は折らない

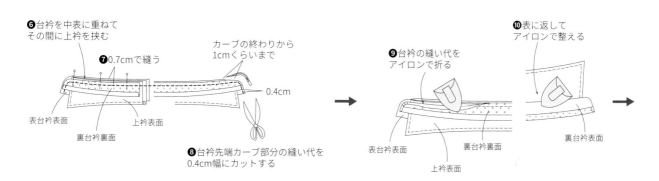

❻台衿を中表に重ねて
その間に上衿を挟む

❼0.7cmで縫う

カーブの終わりから
1cmくらいまで

0.4cm

表台衿表面

裏台衿裏面

上衿表面

❽台衿先端カーブ部分の縫い代を
0.4cm幅にカットする

❾台衿の縫い代を
アイロンで折る

表台衿表面

裏台衿裏面

上衿表面

❿表に返して
アイロンで整える

裏台衿表面

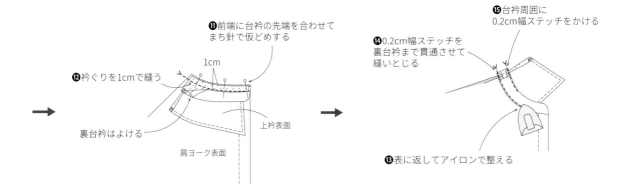

⓫前端に台衿の先端を合わせて
まち針で仮どめする

1cm

⓬衿ぐりを1cmで縫う

裏台衿はよける

上衿表面

肩ヨーク表面

⓮0.2cm幅ステッチを
裏台衿まで貫通させて
縫いとじる

⓯台衿周囲に
0.2cm幅ステッチをかける

⓭表に返してアイロンで整える

⑦袖口を始末する

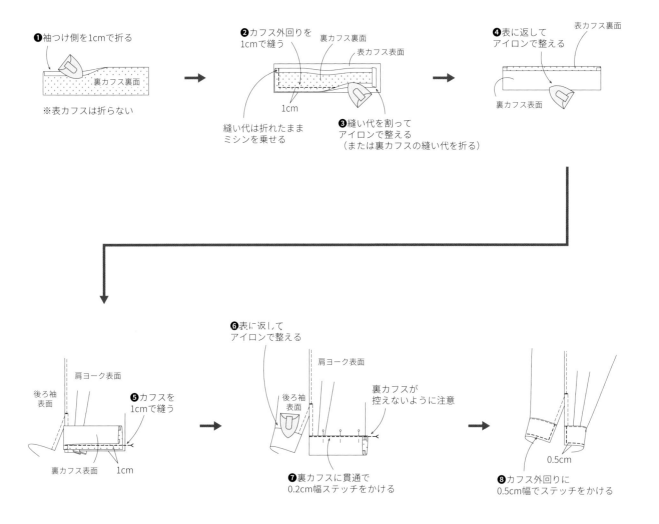

❶袖つけ側を1cmで折る

裏カフス裏面

※表カフスは折らない

❷カフス外回りを
1cmで縫う

裏カフス裏面

表カフス表面

1cm

縫い代は折れたまま
ミシンを乗せる

❸縫い代を割って
アイロンで整える
（または裏カフスの縫い代を折る）

❹表に返して
アイロンで整える

表カフス裏面

裏カフス表面

❻表に返して
アイロンで整える

肩ヨーク表面

後ろ袖
表面

❺カフスを
1cmで縫う

裏カフス表面　1cm

後ろ袖
表面

裏カフスが
控えないように注意

❼裏カフスに貫通で
0.2cm幅ステッチをかける

0.5cm

❽カフス外回りに
0.5cm幅でステッチをかける

K サロペット

photo p.16

仕上りサイズ　　左から size1 / size2

着丈　140.5 / 146.5cm
肩幅　33 / 35cm
ウエスト（ゴム上り）　72 / 78cm
ウエスト最大　98 / 104cm
ヒップ　111 / 117cm
股下丈　64 / 67cm
パンツ丈　96.5 / 100.5cm
裾回り　47 / 49cm

材料

表地：コットン　110cm幅
360cm（size1）/ 370cm（size2）
（「ナチュラルコットンHOLIDAY」 CHECK&STRIPE）
接着芯（90cm幅）　40cm
伸び止めテープ（1cm幅ハーフバイアス）　360cm
伸び止めテープ（1cm幅ストレート）　50cm
ゴムテープ（3.5cm幅）　50cm

つくり方順序（p.60〜64参照）

※つくり方は「H ワイドストレートパンツ」を参照

裁合せ図

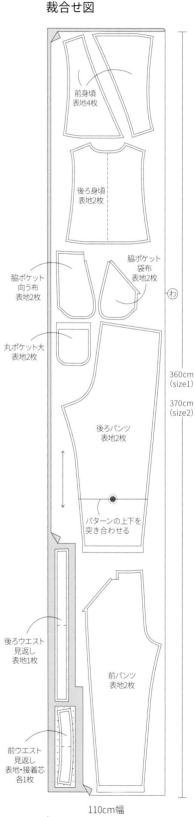

前身頃
表地4枚

後ろ身頃
表地2枚

脇ポケット
袋布
表地2枚

脇ポケット
向う布
表地2枚

丸ポケット大
表地2枚

わ

360cm
（size1）
370cm
（size2）

後ろパンツ
表地2枚

パターンの上下を
突き合わせる

後ろウエスト
見返し
表地1枚

前パンツ
表地2枚

前ウエスト
見返し
表地・接着芯
各1枚

110cm幅

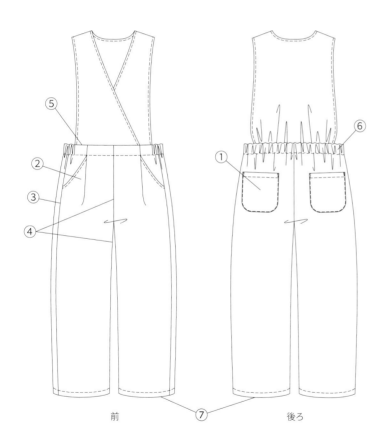

前

後ろ

※接着芯を全面にはるパーツは、
　四角く囲んだパターンで裁断しました。

L ベスト

photo p.21, p.22

実物大パターン 2表
丸ポケット小のパターンは 1裏

仕上りサイズ　　左から size1 / size2

着丈　47 / 49cm
バスト　94.5 / 100.5cm
裾回り　96.5 / 102.5cm
肩幅　35 / 37cm

つくり方順序

※接着芯と伸び止めテープをはる
(p.30〜31参照)

①前身頃ダーツを縫ってポケットをつける
②後ろ中心を縫ってタブをつける
③肩線を縫う
④袖ぐりと衿ぐりを縫う
⑤脇線を縫う
⑥前端と裾を縫う
⑦見返しの中とじとボタンホール＆ボタンつけ

材料(p.21)

表地：20Sチノストレッチ　138cm幅
105cm(size1)　108cm(size2)
(品番11437　ソールパーノ)
接着芯(90cm幅)　70cm
伸び止めテープ(1cm幅ハーフバイアス)
180cm
ボタン(直径1.5cm)　5個

材料(p.22)

表地：リネンウール　110cm幅
135cm(size1)　145cm(size2)
(「リネンウールリンレイヌ」　CHECK&STRIPE)
接着芯(90cm幅)　70cm
伸び止めテープ(1cm幅ハーフバイアス)
180cm
ボタン(直径1.5cm)　5個

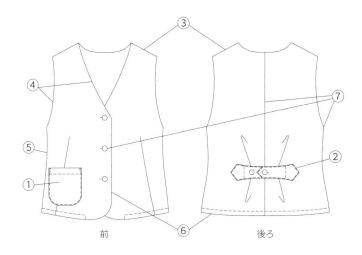

前　　　　後ろ

◎伸び止めテープをはる位置

衿ぐりと袖ぐりに
ハーフバイアステープ

後ろ身頃
表地2枚

前身頃
表地2枚

裁合せ図（p.21）

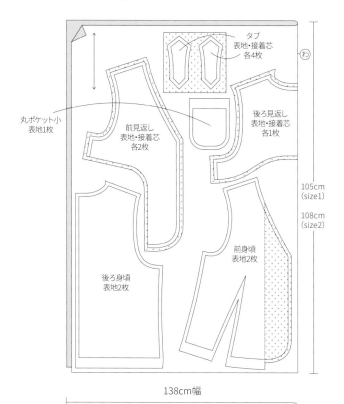

丸ポケット小
表地1枚

タブ
表地・接着芯
各4枚

わ

前見返し
表地・接着芯
各2枚

後ろ見返し
表地・接着芯
各1枚

105cm
(size1)

108cm
(size2)

後ろ身頃
表地2枚

前身頃
表地2枚

138cm幅

※接着芯を全面にはるパーツの中で、前見返しと後ろ見返し
は、四角で囲まずに周囲に平行に1cmの余裕をつけて裁断し
ました。
※サンプルは右ポケットだけつけました。

裁合せ図（p.22）

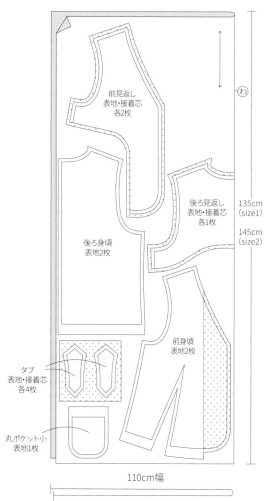

わ

前見返し
表地・接着芯
各2枚

後ろ見返し
表地・接着芯
各1枚

135cm
(size1)

145cm
(size2)

後ろ身頃
表地2枚

前身頃
表地2枚

タブ
表地・接着芯
各4枚

丸ポケット小
表地1枚

110cm幅

※接着芯を全面にはるパーツの中で、前見返しと
後ろ見返しは、四角で囲まずに周囲に平行に1cm
の余裕をつけて裁断しました。
※サンプルは右ポケットだけつけました。

つくり方

①前身頃ダーツを縫ってポケットをつける

☆サンプルは右ポケットのみつけました

※ダーツは縫い代端から
ダーツ先に向かって縫う

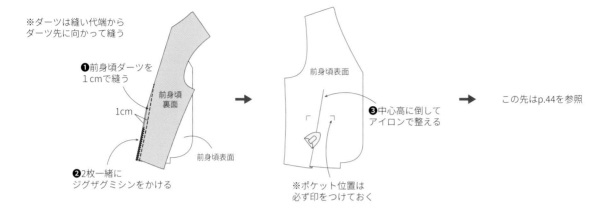

❶前身頃ダーツを
1cmで縫う

前身頃
裏面

1cm

❷2枚一緒に
ジグザグミシンをかける

前身頃表面

前身頃表面

❸中心高に倒して
アイロンで整える

※ポケット位置は
必ず印をつけておく

この先はp.44を参照

②後ろ中心を縫ってタブをつける

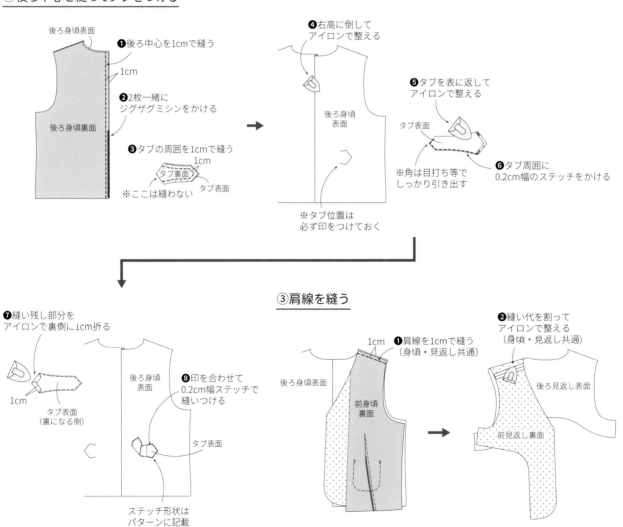

後ろ身頃表面

❶後ろ中心を1cmで縫う

1cm

❷2枚一緒に
ジグザグミシンをかける

後ろ身頃裏面

❸タブの周囲を1cmで縫う
1cm

タブ裏面

タブ表面

※ここは縫わない

❹右高に倒して
アイロンで整える

後ろ身頃
表面

❺タブを表に返して
アイロンで整える

タブ表面

※角は目打ち等で
しっかり引き出す

❻タブ周囲に
0.2cm幅のステッチをかける

※タブ位置は
必ず印をつけておく

❼縫い残し部分を
アイロンで裏側に1cm折る

タブ表面
（裏になる側）

1cm

後ろ身頃
表面

❽印を合わせて
0.2cm幅ステッチで
縫いつける

タブ表面

ステッチ形状は
パターンに記載

③肩線を縫う

1cm

❶肩線を1cmで縫う
（身頃・見返し共通）

後ろ身頃表面

前身頃
裏面

❷縫い代を割って
アイロンで整える
（身頃・見返し共通）

後ろ見返し表面

前見返し裏面

④袖ぐりと衿ぐりを縫う

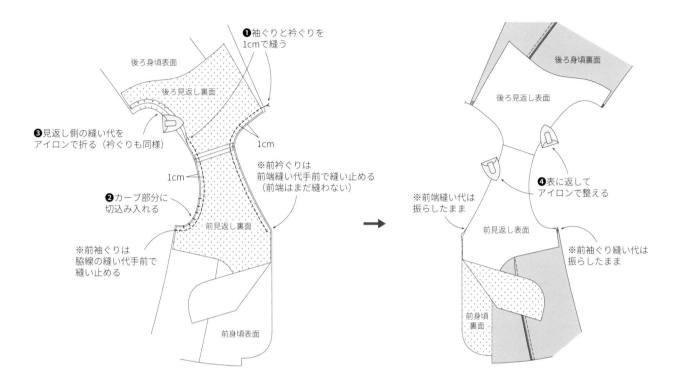

❶袖ぐりと衿ぐりを
1cmで縫う

後ろ身頃表面

後ろ見返し裏面

❸見返し側の縫い代を
アイロンで折る（衿ぐりも同様）

1cm

1cm

❷カーブ部分に
切込み入れる

※前衿ぐりは
前端縫い代手前で縫い止める
（前端はまだ縫わない）

前見返し裏面

※前袖ぐりは
脇線の縫い代手前で
縫い止める

前身頃表面

後ろ身頃裏面

後ろ見返し表面

❹表に返して
アイロンで整える

※前端縫い代は
振らしたまま

前見返し表面

※前袖ぐり縫い代は
振らしたまま

前身頃裏面

⑤脇線を縫う

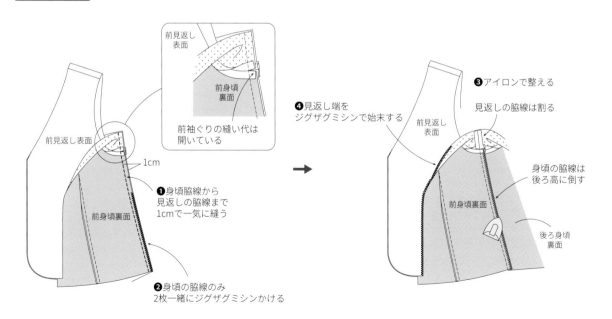

前見返し表面

前身頃裏面

前袖ぐりの縫い代は
開いている

前見返し表面

1cm

❶身頃脇線から
見返しの脇線まで
1cmで一気に縫う

前身頃裏面

❷身頃の脇線のみ
2枚一緒にジグザグミシンかける

❹見返し端を
ジグザグミシンで始末する

❸アイロンで整える

見返しの脇線は割る

前見返し表面

身頃の脇線は
後ろ高に倒す

前身頃裏面

後ろ身頃裏面

⑥前端と裾を縫う

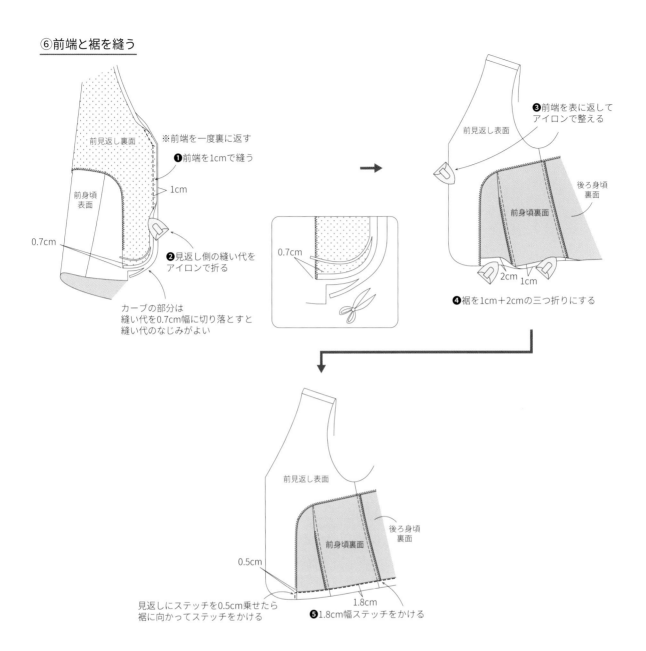

前見返し裏面

※前端を一度裏に返す

❶前端を1cmで縫う

1cm

前身頃表面

0.7cm

❷見返し側の縫い代を
アイロンで折る

カーブの部分は
縫い代を0.7cm幅に切り落とすと
縫い代のなじみがよい

0.7cm

❸前端を表に返して
アイロンで整える

前見返し表面

後ろ身頃
裏面

前身頃裏面

2cm 1cm

❹裾を1cm＋2cmの三つ折りにする

前見返し表面

後ろ身頃
裏面

前身頃裏面

0.5cm

見返しにステッチを0.5cm乗せたら
裾に向かってステッチをかける

1.8cm

❺1.8cm幅ステッチをかける

⑦見返しの中とじとボタンホール＆ボタンつけ

☆見返しの中とじをする

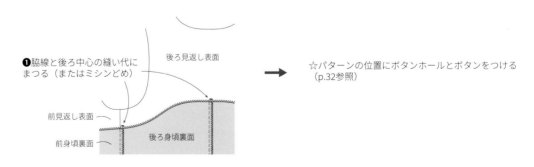

❶脇線と後ろ中心の縫い代に
まつる（またはミシンどめ）

後ろ見返し表面

前見返し表面

前身頃裏面

後ろ身頃裏面

☆パターンの位置にボタンホールとボタンをつける
（p.32参照）

M フリンジストール

材料

表地：リネン　110cm幅　200cm
（「天使のリネン」　CHECK&STRIPE）

つくり方順序

※地の目を通して裁断をする。

①フリンジをつくる
②上下布端を始末する

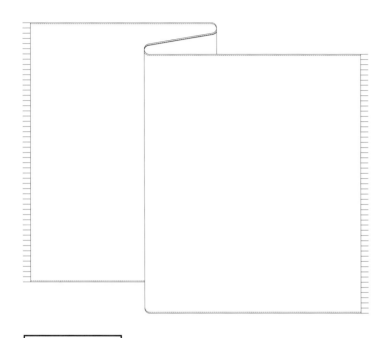

つくり方

①フリンジをつくる

縦地の目

表地表面

横地の目

❶つくりたいフリンジの長さで
1～2本ステッチをかける
（運針は細くする）

ここではフリンジは
3cmにしました

表地表面

❷織り糸をほどく

※目打ち等を使い
1～2本ずつ丁寧に
抜いていく

②上下布端を始末する

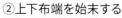

フリンジ以外の布端を
0.5cm+0.5cmの三つ折り始末にする

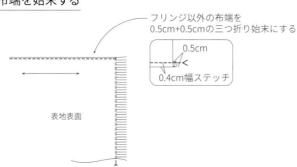

0.5cm

0.4cm幅ステッチ

表地表面

TOWN のワンピース ツーピース スリーピース

2023 年 3 月 19 日　第 1 刷発行
2023 年 12 月 15 日　第 2 刷発行
著　者　木地谷良一　渡部まみ
発行者　清木孝悦
発行所　学校法人文化学園 文化出版局
　　　　〒 151-8524
　　　　東京都渋谷区代々木 3-22-1
　　　　電話　03-3299-2485（編集）
　　　　　　　03-3299-2540（営業）
印刷・製本所　株式会社文化カラー印刷

文化出版局のホームページ
https://books.bunka.ac.jp/

TOWN のホームページ
https://town-sewing.com

木地谷良一
パタンナー。文化服装学院技術専攻課程卒業。1976 年生れ。大手
アパレルメーカーでレディースパタンナーとして約 18 年勤務。2015
年に独立。現在、都内大手アパレルメーカーから居住地である神奈
川県鎌倉市周辺のブランドまで幅広いパターンを手がけるとともに、
「KICHIYA PATTERN」名義でオリジナルの親子服を不定期販売する作
家活動も行なう。
2016 年、アパレルメーカー時代からの親友である渡部まみとともに
縫い代つきカット済パターンのレーベル「TOWN」を開始。
https://kichiya-pattern.com/

渡部まみ
デザイナー。東京モード学園卒業。1975 年生れ。大手アパレルメー
カーでニットデザイナーとして勤務。その後、服飾専門学校教員を
経て、2007 年神奈川県葉山町に移住。2008 年にブランド「short
finger」を設立。2021 年に長野県にアトリエを移し、全国でのオー
ダー受注会、店舗とのコラボレーション、ソーイング教室を行なう。
https://short-finger.com/

ブックデザイン　　　渡部 忠（STUDIO FELLOW）
撮影　　　　　　　　栃木 功
　　　　　　　　　　安田如水（p.2-3 ／文化出版局）
スタイリング　　　　岡尾美代子
ヘアメイク　　　　　廣瀬瑠美
モデル　　　　　　　IO
トレース、作り方解説　木地谷良一
パターンレイアウト　白井史子
校閲　　　　　　　　向井雅子
編集　　　　　　　　田中 薫（文化出版局）

【布地提供】
CHECK&STRIPE
https://checkandstripe.com

布地のお店　ソールパーノ
TEL 06-6233-1329
https://www.sunsquare.shop/f/solpano

リバティジャパン
https://www.liberty-japan.co.jp/

素材の表記は 2023 年 3 月現在のものです。

TOWNの

ワンピース
ツーピース
スリーピース

木地谷良一　渡部まみ

文化出版局

TOWNの
ニュー
スタンダード
コート

木地谷良一　渡部まみ

NEW STANDARD COAT

サイズ1,2の
縫い代つき
実物大パターン
2枚

文化出版局

ISBN978-4-579-11802-1
C5077 ¥1700E

定価1,870円(本体1,700円)⑩

9784579118021

1925077017005